Dario Cimorelli   Anna Villari

MANIFESTI POSTERS

**Pubblicità
e moda italiana
1890 - 1950**

**Advertising and
Italian Fashion
1890 - 1950**

SilvanaEditoriale

La casa editrice dedica questo volume
alla memoria di Cristiano Frontini

The publisher dedicates this book
to the memory of Cristiano Frontini

Sommario
Contents

"Vestita di voile e di chiffon".
Eleganza, femminilità e moda nella pubblicità e nella grafica italiane 1890-1950

Anna Villari

La dama con l'ombrellino. Donne e stecche di balena negli anni della Belle Époque

Nella primavera del 1884 l'americano John Singer Sargent esponeva al Salon parigino il ritratto di *Madame X*: richiamandosi alla "Grand Manner Portraiture" del Settecento ("Grand Work" definì il ritratto la scrittrice Vernon Lee, amica del pittore), Sargent rappresentò l'americana Virginie Amélie Avegno, moglie del banchiere Pierre Gautreau, considerata una "bellezza impossibile", dal pallore violaceo e dal profilo affilato, in abito da sera nero, scollato e fasciante, con una spallina abbassata. Il singolare, allusivo erotismo – pur nella città delle luci, del *Moulin Rouge* e dei *café chantant* – determinò il *succès de scandale* del dipinto. "Vous avez perdu ma fille" si disperò Madame Avegno e Sargent, dopo aver ritoccato l'opera riconducendo la spallina alla decenza, fu in pratica costretto ad abbandonare Parigi.

Una spallina abbassata: anche nel dettaglio apparentemente minimo di un abito – dettaglio che rientrava nell'immaginario erotico dell'epoca e che ritroveremo nel celebre manifesto *Liquore Strega* di Marcello Dudovich, del 1906 – e nella maniera di indossarlo, si può trovare non solo la chiave di volta di gran parte della grande ritrattistica europea di fine Ottocento, che si fa via via meno conformista, ma anche l'evolvere della mentalità e del costume sociale.

Parigi è allora una capitale accogliente, colta, dinamica, insieme tradizionalista e provocatoria, rutilante di vita e di stimoli dove, come scriverà alla sorella Amelia un attonito Umberto Boccioni appena giuntovi nel 1906, si incontrano "donne come non avrei mai immaginato che esistessero! Sono tutte dipinte: capelli, ciglia, occhi, guance, labbra orecchi, collo spalle, petto mani e braccia! Ma dipinte in un modo

così meraviglioso, così sapiente, così raffinato, da divenire opere d'arte. [...] Non sono dipinte per supplire alla natura, sono dipinte per gusto [...] il volto pallido, d'un pallido di porcellana bianca; le gote leggermente rose, le labbra di puro carminio [...] tutte hanno mani bianchissime, attaccate con polsi dolcissimi a braccia musicali [...]"[1].

Parigi, capitale dell'arte, della cultura, della mondanità, modello inarrivabile a cui guardano tutte le donne del mondo, è anche capitale della femminilità, e quindi della moda; di una femminilità moderna e dinamica, quale per esempio quella così sapientemente tratteggiata nei ritratti di Giovanni Boldini, capace di fissare sulla tela le forti, complesse personalità di donna generate dalla società di fine secolo: si veda per esempio il *Ritratto di Mademoiselle Lanthelme*, del 1907. Splendidamente abbigliata in un nero scintillante, grande cappello, guanti candidi e una rosa alla cintura, la giovane attrice, amante del finanziere Alfred Edwards, "tutta frusciante, grandiosamente femmina" come la descriverà Emilio Cecchi[2], occhi fieri dritti negli occhi dello spettatore, truccatissima, il gesto quasi sfrontato della mano sul fianco, con illustri e dichiarati riferimenti all'aristocratica ritrattistica inglese del Settecento – Thomas Gainsborough e Joshua Reynolds – è raffigurata a figura intera come, secondo tradizione, usavano (e osavano) i molto nobili, i molto potenti, o i molto ricchi. Ancor più fiera, consapevole del ruolo di "elegantissima" che le si attribuisce nell'alta società, appare, ritratta sempre da Boldini nel 1903, donna Franca Florio, moglie dell'armatore e imprenditore palermitano Vincenzo; e fu anche intorno alle sue *mises* sontuose, al celebre filo di perle lungo fino ai piedi, protagonista del ritratto boldiniano – e venne addirittura dipinto più corto di quanto non

fosse, troppo lungo, troppo audace, troppo sfacciatamente costoso –, alla sua disinvolta e scintillante mondanità che si regolarono le fortune della famiglia e dello scapestrato marito. In un'epoca così dinamica, di trasformazioni economiche e sociali, mentre avanza inesorabilmente la classe dei *nouveaux riches*, dei borghesi, a questo nuovo tipo di donna moderna, che fa della propria bellezza, del proprio fascino e della propria eleganza uno strumento di potere, di affermazione e di conquista di autonomia, dedicavano la propria attenzione scrittori di ogni genere, pittori, giornalisti, addirittura filosofi. Si pensi alle drammatiche eroine di Henry James, combattute tra aspirazioni libertarie ed espressive e convenienze sociali; alle protagoniste dei romanzi di Annie Vivanti, scrittrice di un apparentemente facile, ma in realtà intelligente, successo; al coraggio esistenziale e artistico di Sibilla Aleramo, orgogliosamente denunciato nel suo romanzo *Una donna*, del 1904. E oltre a queste, alle tante, reali figure di donne volitive, eleganti, consapevoli, in qualche caso anche fortunate padrone del proprio destino grazie a un benessere economico, talvolta ereditato, talvolta autonomamente conquistato.

Esempio paradigmatico, nel 1903 venne pubblicato a Torino *L'imperialismo artistico*, dedicato alle nuove tendenze dello stile e del costume italiani, nel quale il pensatore positivista Mario Morasso, sostenitore di un'"estetica eroicizzante della modernità", concedeva ampio spazio di riflessione proprio alla nuova "femminilità spensierata gioconda e di lusso"[3]. Appare pienamente nello spirito dell'epoca, allora, il grande successo della ritrattistica femminile europea e americana: "La donna è come il simbolo del godimento supremo, dopo che per tanto tempo la costrizione morale ne aveva fatto lo spasimo dell'istinto inappagato"

"Dressed in Voile and Chiffon."
Elegance, Femininity and Fashion in Italian Advertising and Graphics 1890-1950

Anna Villari

The lady with the parasol. Women and whalebone corsets in the years of the Belle Époque

In the spring of 1884, the American John Singer Sargent exhibited his portrait of *Madame X* at the Parisian Salon. Working under the inspiration of the "Grand Manner Portraiture" of the 1800s, Sargent painted the American Virginie Amélie Avegno (praised as "Grand Work" by the painter's friend and writer Vernon Lee), wife of the banker Pierre Gautreau, known as an "impossible beauty" with her slightly purplish pallor and sharp profile, in a low-cut black evening gown that hugged her body, with one strap fallen off her shoulder. This particular erotic allusion – even in the city of lights, of the *Moulin Rouge* and the *café chantant* – led to the painting's *succès de scandale*. "*Vous avez perdu ma fille,*" lamented Madame Avegno, and Sargent was in effect forced to leave Paris, after touching up the painting to return the strap to a more decent position.

A lowered shoulder strap: even a seemingly minimal detail of a dress (a detail that resonated with the erotic imagination of the epoch and will appear again in Marcello Dudovich's famed 1906 poster *Liquore Strega*) or the way a dress is worn offers a key to understanding much of the great *fin de siècle* European portraiture – which became less and less conformist over time – as well as the evolution of society's mentality and customs.

At the time, Paris was a hospitable capital city, cultured and dynamic while still traditionalist and provocative, a city glowing with life and excitement. Umberto Boccioni, dumbfounded on his arrival there in 1906, wrote to his sister Amelia that the city was full of "such women as I never imagined even existed! They are all painted up: hair, eyelashes, eyes, cheeks, lips ears, neck shoulders, breast hands and arms! But painted in such a marvelous way, so skillfully, so elegantly, that

they become works of art [...] They are not painted to compensate for nature; no, they are painted for sheer pleasure [...] the pale face, with a white porcelain pallor; the cheeks with a hint of pink, lips of the deepest red [...] all of them have the whitest hands, connected by the sweetest wrists to their harmonious arms [...]."[1]

Paris, capital of art, culture, high society, the incomparable model watched by women all around the world, was also the capital of femininity and, by extension, of fashion. This modern, dynamic femininity was perceptively portrayed in the portraits of Giovanni Boldini, a master at capturing on canvas the strong, complex personality of the woman born of the *fin de siècle* society.

Consider, for example, his *Portrait of Mademoiselle Lanthelme* from 1907. Splendidly dressed in gleaming black, with an oversized hat, white gloves and a rose at her waist, the young actress, lover of the financier Alfred Edwards, "all swishing, spectacularly female" as Emilio Cecchi would later describe her,[2] her proud eyes looking directly into the eyes of the viewer, made-up to the hilt, the bold, uninhibited gesture of her hand on her hip, with explicit reference to the aristocratic English portraiture of the 1700s – Thomas Gainsborough and Joshua Reynolds – is painted full figure as, traditionally, was the custom (and the provocation) of the very noble, the very powerful, or the very rich.

Donna Franca Florio, wife of the Palermo entrepreneur and shipping magnate Vincenzo, stands even more proudly in a portrait by Boldini from 1900, fully conscious of her role as "the ultra-elegant" attributed to her in high society. The painting also suggests her extravagant *mises en scene*, from the notorious string of pearls that hung down to her feet featured rashly in Boldini's portrait (though painted shorter than it actually was – simply too long, too audacious, too shamelessly expensive) to the carefree, brilliant high life

she was allowed by her family fortune and her raffish husband.

In this dynamic period of economic and social transformation as the class of the *nouveaux riches,* the bourgeoisie, made its inexorable advance, writers of every genre, painters, journalists and even philosophers dedicated their attention to this new type of modern woman who used her beauty, fascination and elegance as instruments of power to establish herself in the world and conquer her autonomy. One need only think of Henry James's dramatic heroines, torn between social conventions and their aspirations for freedom and expression, or the protagonists of the novels of Annie Vivanti, a seemingly easy yet intelligent writer, or the existential and artistic courage of Sibilla Aleramo, proudly affirmed in her novel *A Woman* of 1904 – not to mention the many real willful, elegant, self-aware women, in some cases also the fortunate rulers of their own destiny thanks to their economic well-being, be it inherited or earned.

A classic example is found in *L'imperialismo artistico,* a book published in Turin in 1903 dedicated to the new trends in Italian style and habits, in which positivist thinker Mario Morasso, champion of a "heroic aesthetic of modernity," devoted ample space to his reflections on the new "carefree, playful and extravagant femininity."[3]

The resounding success of European and American female portraiture was fully in harmony with the spirit of the epoch: "Woman is like a symbol of supreme pleasure, after moral constraints had made her for so long the torment of unfulfilled urges," wrote Morasso. And to this "symbol of supreme pleasure," many artists besides Boldini also dedicated their time and canvases – Sargent, James Tissot, Giuseppe De Nittis, Albert Besnard, Jacques-Émile Blanche, Antonio de la Gandara, Joaquín Sorolla, the Scandinavian Anders Zorn, the Germans Max Liebermann and Franz von

scriveva Morasso. E a questo "simbolo del godimento supremo" dedicavano tempo e tele, oltre a Boldini, Sargent, James Tissot, Giuseppe De Nittis, Albert Besnard, Jacques-Émile Blanche, Antonio de la Gandara, Joaquìn Sorolla, lo scandinavo Anders Zorn, i tedeschi Max Liebermann e Franz von Lenbach, il belga Khnopff e l'americano Whistler: i cataloghi delle esposizioni dell'epoca, in primo luogo delle prestigiose Biennali veneziane, a partire dalla prima del 1895, traboccano di ritratti di donne. Di ognuna sono restituiti caratteristiche fisiche, espressioni e dettagli dell'abbigliamento: tutto concorre infatti a definire l'appartenenza di classe.

Un fenomeno artistico e sociale di cui sono prova anche i manifesti pubblicitari – nati proprio in questo scorcio di secolo[4] – nei quali, qualsiasi cosa si reclamizzi, da un accessorio di abbigliamento a una lampadina, una stufa o una bicicletta, nella enorme maggioranza dei casi la protagonista è donna. Che siano in pel-

liccia, piume, sete, cappellini, stivaletti, guanti, oppure in velate nudità, le giovani fanciulle in fiore e le compunte matrone che passeggiano, chiacchierano, assistono alle corse, sorridono nei manifesti di fine Ottocento e inizio Novecento, ci lasciano immaginare un mondo sereno, agiato, di bisogni, svaghi e passatempi borghesi, nel quale la donna è regina[5]. Perché, effettivamente, è rivolto alla borghesia – e dalla borghesia imprenditoriale dell'epoca prodotto – ciò che pubblicizzano manifesti, locandine, inserti sulle riviste: riscaldamento e illuminazione per le case, biciclette o automobili, liquori o lozioni di bellezza e, naturalmente, abiti, calzature, guanti, accessori di ogni tipo. Sono oggetti e consumi che parlano di un nuovo benessere che avanza[6], di una categoria sociale che possiede e, possedendo e manifestando questo possesso, lo rende desiderabile anche alle altre classi.

Tra questi beni, più effimero ma più potente di tanti, vi è prima di tutto la moda; "imitazione

di un modello", segno distintivo di classe, anzi "della classe più elevata", le mode – scrisse il filosofo tedesco Georg Simmel nel 1895 – "vengono abbandonate nel momento in cui la classe inferiore comincia a farle proprie"; ma intanto condizionano comportamenti e scelte di una cerchia sempre più vasta di persone, che pur di "appartenere" a un gruppo dal contegno e dalle abitudini riconoscibili, e nello stesso tempo con il desiderio di differenziarsene per qualche tocco di maggiore raffinatezza o eccezionalità, sono disposte a tutto; "a volte sono di moda cose così brutte e sgradevoli che sembra che la moda voglia dimostrare il suo potere facendoci portare quanto c'è di più detestabile"[7] scrive ancora Simmel. E se brutta forse non ci sembra la moda di fine Ottocento, sicuramente bizzarra e scomoda sì.

Ciò che quelle fanciulle e quelle signore che vediamo nei manifesti indossano si ispira, ovunque in Europa tra la fine dell'Ottocento e gli anni venti del Novecento, alla moda fran-

Lenbach, the Belgian Khnopff and the American Whistler. Indeed, exhibition catalogues of the period overflow with portraits of women, especially the catalogues of the prestigious Venice Biennial, first held in 1895. Each portrait faithfully captures traits, expressions and details of the clothing, with everything combining to identify these women as members of the upper class.

Another testimony to this artistic and social phenomenon are the advertising posters which first appeared in this same moment of the century.[4] Whatever the product being advertised – a clothing accessory, a light bulb, a stove or a bicycle – in the vast majority of the case, the poster prominently featured a woman. Appearing in fur coats, feathers, silk, bonnets, ankle boots, gloves, or even only slightly veiled nudity, these blooming young women and solemn matrons who stroll, gossip, attend the races, and smile in the posters from the end of the 1800s and the beginning of the 1900s conjure up a serene, privileged world, with its bourgeois needs and amusements, a world in which the woman was queen.[5]

In fact, the products advertised in these posters, placards and magazine inserts were aimed at the bourgeoisie (by the newly-created entrepreneurial bourgeoisie): heating and lighting for the home, bicycles and automobiles, liqueurs and beauty creams and, of course, dresses, shoes, gloves and accessories of every type. These objects and the increase in consumption speak of a new and ever-growing affluence,[6] of a social category that possesses, and their possessing and flaunting that possession makes the other classes desire affluence as well.

First and foremost among these desirable goods was fashion, more ephemeral yet more powerful than most others. The "imitation of a model," distinctive sign of class – "of the highest class," that is – "fashions are abandoned as soon as the lower class begins to appropriate them," wrote German philosopher Georg Simmel in 1895. Nonetheless, they condition the behavior and choices of an increasingly immense circle of people, who spare nothing in their desire to "belong" to a group with a recognizable demeanour and habits but also to differentiate themselves with a touch of even greater refinement or uniqueness. "At times, such ugly, unpleasant things become fashionable that it seems as if fashion wanted to demonstrate its power, making us wear the most appalling items,"[7] continued Simmel. In truth, even if the *fin de siècle* fashions do not seem ugly to us, they were certainly bizarre and uncomfortable.

From the end of the 1800s to the 1920s, the clothes worn by the girls and women seen in the posters all over Europe were based on French fashion. Meanwhile, in Italy, clothing and accessories were becoming more and more available, thanks to the "democratizing" activities of the clothing industry. One example is Ferdinando and Luigi Bocconi in Milan in the 1880s, two brothers who transported the small fabric and clothing trade business founded by their father in mid-century into the vast building in front of Piazza

cese. In Italia abiti e accessori cominciano a essere sempre più diffusi e accessibili, grazie all'azione, in qualche modo "democratica", di aziende dell'abbigliamento come, per esempio, quella dei fratelli Ferdinando e Luigi Bocconi a Milano, che negli anni ottanta dell'Ottocento trasformano la ditta fondata dal padre a metà secolo – specializzata in commercio di tessuti e di abbigliamento – nel vasto edificio affacciato su Piazza Duomo (dalla fusione della ditta Fratelli Bocconi con i Magazzini Vittoria nascerà nel 1917 La Rinascente, così battezzata da Gabriele d'Annunzio). Analoga operazione compiono il Palazzo della Moda di Roma, o ancora i Magazzini Mele, la ditta fondata a Napoli nel 1889 su modello dei magazzini Lafayette e Le Bon Marché di Parigi, diretta con piglio intraprendente dai fratelli Emiddio e Alfonso Mele[8].

Stampati dalle Officine Grafiche Ricordi e disegnati dai migliori cartellonisti dell'epoca – Beltrame, Caldanzano, Cappiello, De Stefano, Dudovich, Laskoff, Malerba, Mauzan, Mazza, Metlicovitz, Sacchetti, Terzi, Villa – in un'Ita-lia nella quale la pubblicità e le *affiches* sono ancora agli albori, i manifesti Mele immortalano quello che è il prototipo del moderno, ricco rappresentante della nuova classe borghese. Gli uomini, con un occhio allo stile del *gentleman* anglosassone, sono abbigliati in scuro, in sobrio completo composto da giacca, pantaloni, cappotto: la qualità del dettaglio – stoffe di primissima qualità, scarpe lucide, bastone e cappello – denota lo status sociale, così come quei tocchi di relativa vivacità nelle cromie e nei disegni delle stoffe, riservati alle occasioni sportive – la corsa dei cavalli, la vacanza al mare – parlano di una vita di agi e di abitudini "da signori". Le signore, d'altra parte, di quegli uomini sono in qualche modo la "vetrina" e il loro abbigliamento denota, se non sfarzo eccessivo, abbondanza di mezzi nel pregio e nella quantità delle stoffe adoperate e nella varietà e ricchezza degli accessori.

Sono stili di abbigliamento – specchio di desiderabili stili di vita – che tendono a diffondersi con facilità, grazie appunto alla nascita dei grandi magazzini che rendono accessibili modelli copiati o ispirati alle invenzioni lanciate dagli stilisti. E anche per merito della diffusione dei manifesti pubblicitari, delle riviste, dei cataloghi di vendita, dei cartamodelli e delle macchine da cucire diventa possibile perfino alle fanciulle più modeste – un abito acquistato nei grandi magazzini, completo di accessori, non è comunque mai economico, ma può servire da esempio[9] – abbigliarsi secondo le tendenze del momento.

Ed ecco allora il trionfo di crinoline abbondantissime e corsetti che stringono il busto all'inverosimile (causando anche danni alla salute), guanti, cappelli, ombrellini, stivaletti dagli infiniti bottoncini, nastri, fiocchi, *ruches*, manicotti... un complicato e spesso incomprensibile armamentario che rimaneva impresso indelebilmente nella fantasia maschile, come appare evidente per esempio leggendo le poesie di Guido Gozzano, una delle quali, *Rimorso*, del 1907, sembra una fugace istantanea o addirittura un manifesto colorato, fresco di stampa.

Duomo (the merger of the Fratelli Bocconi firm with Magazzini Vittoria in 1917 led to the founding of La Rinascente, so named by D'Annunzio). Similar operations were carried out with the Palazzo della Moda in Rome and the Magazzini Mele, founded in Naples in 1889 along the lines of the Galeries Lafayette and Le Bon Marché in Paris and directed with great entrepreneurial spirit by the brothers Emiddio and Alfonso Mele.[8] In Italy where the use of advertising and *affiches* was just beginning, the Mele posters – printed by the Officine Grafiche Ricordi and drawn by the best poster artists of the day, including Beltrame, Caldanzano, Cappiello, De Stefano, Dudovich, Laskoff, Malerba, Mauzan, Mazza, Metlicovitz, Sacchetti, Terzi and Villa – embodied the prototype of the modern, wealthy member of the new bourgeois class. Men, with an eye on the style of the Anglo-Saxon gentleman, dressed in sober, dark suits with jacket, trousers and a hat. The quality of the details – only the highest quality materials, well-polished shoes, hat and cane – denote the social status, just as the lively touches in the colours and patterns of fabrics for more sporting occasions – horse races, vacations by the sea – suggest a life of comfort and the habits of the privileged. The women of these men served in a sense as their "advertising"; their wardrobe, when not denoting truly excessive lavishness, hinted at an abundance of resources to afford the sheer quantity of the valuable materials, not to mention the variety and preciousness of their accessories.

These clothing styles – mirrors of an enviable lifestyle – tended to spread easily, thanks especially to the emergence of the department store, which sold clothes directly copied from or inspired by the creations of fashion designers. But it was also thanks to the ever-growing presence of advertising posters, magazines, sales catalogues, clothing patterns and sewing machines (after all, a dress with accessories purchased in a department store is never economical, but it can always be used as a model),[9] even less wealthy girls could afford to dress in the latest style.

From there, it was only a step to the grand triumph of multi-layered crinolines and corsets that squeezed the women's bust to the point of compromising their health, gloves, hats, parasols, ankle boots with countless tiny buttons, ribbons, bows, ruffles, muffs... all in all, a complicated and often incomprehensible set of paraphernalia that worked its way inexorably into the fantasies of men.

This fascination is expressed, for example, in the poetry of Guido Gozzano. His *Rimorsi*, written in 1907, creates a sort of snapshot image, a colourful, fragrant portrait.

[...] We fled outside:
her fine muff fell from her hands
adorned with sweet violets
Oh that familiar scent of fading violets
and petit gris [...]
Her periwinkle blue eyes
And her slight body recall
that famous little actress ...
She raised the veil off her face
[...]

The woman who wears this type of equipment – which of course she can only do with the help of a servant – is clearly not suited for work. Her life revolves instead around salons, theatres, and promenades, but above all, she is willing to accept any sacrifice in order to be appreciated.

Oh ladies, you who sharpen your flashing glance
in the shadows of those wide bonnets,
and from below your tight knee-length skirt
reveal your lustrous ankle boots [...]

read the playful romance *Buon Capo d'Anno*, written by Gabriele D'Annunzio and set to music by his friend Francesco Paolo Tosti in 1882. The work is directed towards those "young ladies with their burning love" who, at the end of the 19th century, play and communicate through these dress codes, just as Goldoni's gallant ladies played and communicated in the 1700s with a language of fans. Although almost thirty years had passed, one can almost hear the words of D'Annunzio in the *affiche* conceived in 1910 by Filippo Omegna for the Palazzo della Moda in Rome: smiles from under the brim of a bonnet, lustrous shoes, and the spying eyes of men.

Women, with the palest of skin that has never seen the sun, never a centimeter of skin exposed, and heavy, complicated hairdos – "nothing could exceed the grace of that delicate head that seemed to be tormented by the massive weight of her hair, like a divine punishment," wrote D'Annunzio of Donna Maria Ferres in *The Child of Pleasure* – such women are the object of admi-

ration, faultless (or at least they were supposed to be) mirror of virtue, pride and joy of the well-established men. Little did it matter if the clothes imprisoned or suffocated them; on the contrary, with its meters and kilos of materials and its laces and clasps, that style of clothing (which featured as an increasingly central element in posters of the period, to the point that Dudovich, in a 1910 Mele poster, eliminated the face and hands of his characters entirely, leaving their clothes and accessories as the only true presence) actually protected the wearer from temptation and made her even more inaccessible, and thereby more fascinating and mysterious.

With exceptional perspicacity, Stefan Zweig, a mere dumb-struck adolescent at the time, recalled the elegant, inviolable Viennese ladies of the 1890s: "...To say nothing of the 'lady' of former times in her careful and complicated attire, violating Nature in every single detail! The middle of her body laced into a wasp's shape in a corset of stiff whalebone, blown out like a huge bell from the waist down, the neck closed in up to the chin, legs shrouded to the toes, the hair towering aloft with countless curls, locks and braids under a majestically swaying monstrosity of a hat, the hands encased in *gloves*, even on the warmest summer day, this long since archaic being, the 'lady,' in spite of the jewelry with which she was bespangled, in spite of the perfume which surrounded her, the costly laces, the ruchings and other adornments, was an unhappy, pitifully helpless person. At first glance one is aware that a woman, once she is encased in such a toilette, like a knight in an armor, could no longer move about freely, gracefully and lightly. Every movement, every gesture, and consequently her entire conduct, had to be artificial, unnatural and affected in such a costume. The mere make-up of such a 'lady' – to say nothing of her social education – the putting on and taking off of these robes, was a troublesome procedure and quite impossible without the help of others. First a countless number of hooks and eyes had to be fastened in the back from waist to neck, and the corset pulled tight with all the strength of the maid in attendance. The long hair (must I remind the young people that thirty years ago, with the exception of a few dozen Russian students, every woman in Europe could let her hair down to her waist?) was curled, brushed, combed, flattened, piled up, with the aid of a legion of hairpins, barrettes, and combs and with the additional help of a curling

Filippo Omegna,
*Palazzo della Moda
Roma,* circa 1910

iron and curlers, by a hairdresser who called daily, before one could swathe and build her up with petticoats, camisoles, jackets, and bodices like so many layers of onion skin, until the last trace of her womanly and personal figure had fully disappeared."[10]

But only a few years later, women will begin to demand the pleasure of being beautiful without suffering or hiding themselves, of feeling at ease in attractive but comfortable clothes and being increasingly free, in their body movement and in their life choices.

Modernity and the early post-war period, fashion designers and "tomboys"

Fashions from the north continued to set the pace in Italy, as they had since the first decades of the 1900s, even if, given the still-present mood of the Risorgimento, some had aspired to form an Italian identity in the realm of apparel, resulting in scattered attempts in Tuscany, Turin and Rome to create a "national" style. Most interesting perhaps were the experiments of the innovative Lombardy dressmaker Rosa Genoni to create a style that would be Italian in both materials and cut. At the Milan Exhibition in 1906, in a pavilion paid for at her own expense, she presented these garments whose details and lines were inspired by the artistic tradition of the Renaissance.[11]

But the invention of *haute couture* is traditionally attributed to France, and specifically to Charles Frederick Worth, inventor of the signed label, of the figure of the mannequin and of "collections," a series of clothes conceived by a single designer who no longer bends to the desires of the clients but invents and proposes his or her own line within which the purchaser can choose materials and request alterations. Worth was born in England but moved to Paris in the 1840s. France, in fact, was home to almost all the ingenious designers who finally broke with the tired-out repetition of nineteenth-century lines and styles and who, at the beginning of the twentieth century, would take up the model suggested by the world of dance. One such designer was Madeleine Vionnet. In the very early 1900s, under the spell of Isadora Duncan's *peplos*, Vionnet invented not only the bias cut but also new styles with minimal geometric lines that fall softly on a woman's natural curves, without stitching or constriction. Not surprisingly, in the early 1920s, the brilliant Italian futurist Thayaht was among the collaborators

of this anti-conformist dressmaker. It was also in France that fashion first responded to the influence of avant-garde theatre and to the fascination of exotic cultures in the air at the time, thanks largely to the opening of new trade with the Orient and to the foreign pavilions set up in the major international exhibitions, such as that in Paris in 1900.

In 1906, Sergei Diaghilev's Russian ballet performed in Paris, with the fantastic costumes designed by Léon Bakst, a Jewish stage designer from Saint Petersburg who studied in Moscow. In Paris, he was part of the symbolist scene and, with his unrivaled imagination, managed to blend in his art ideas from modern painting with evocations of Russian folklore. Whether for *Sheherazade* by Rimsky Korsakov (1910) (bare feet and the veils of Oriental dress), *The Firebird* by Stravinsky (1910), *The Afternoon of a Faun* by Debussy, or *The Martyrdom of Saint Sebastian* by D'Annunzio (1912), Bakst's sets and costumes amazed and scandalized the public (in the staging of D'Annunzio's work, Saint Sebastian was interpreted by the famous Russian dancer Ida Rubinstein, whose legs and provocative tremblings were clearly visible to the audience). Inevitably, this work left its mark, inspiring, among others, the brilliant *couturier* Paul Poiret.

Poiret began his career collaborating with Worth and the great Jacques Doucet, the dressmaker celebrated throughout Europe in the 1970s as a designer of smart, ultra-elegant, yet daring fashions. Among the first to reject the constriction of girdles and corsets, he had exquisite taste that guided him as well in his choice of furniture, old and modern paintings, and manuscripts. With Picasso, Braque, Matisse, Apollinaire and Gide as friends, Poiret also collected and passionately promoted contemporary art. In 1903, Poiret struck out on his own, and set in motion the French fashion of the new century. He abandoned lace and *volants*, took inspiration from Japanese kimonos, Turkish trousers and other Oriental garments, completely eliminated the use of the corset (though inventing other "tortures," such as the ankle-length, tight-fitting "amphora" skirt that made walking so difficult), and played with fashions and fantasies in his fashion shows, his parties, his inventions and his enterprises, which soon extended into the interior decoration and perfume sectors. Poiret taught women that fashion means to dare, to play, to have fun, as well

as what it means to use one's clothing to take on a total, individual and original lifestyle, irrespective of the rules imposed by society and the traditional family model.

This was true anyway for upper-class women and, in general, for the most courageous ones. To cite an Italian example, consider the renowned Marquise Luisa Casati, friend of D'Annunzio, muse of the futurists and organizer of astounding parties in her Venice home on the Cà dei Leoni, constantly experimenting and provoking through both her fashion and her life. In Boldini's 1908 portrait, she is wearing a black satin Poiret dress, rather shocking in comparison with the luminous dresses typical of portraits of the time. In addition to the floor-length dress, she has a large sable stole, a massive hat adorned with ribbons and feathers (likewise black), a bouquet of silk violets at her waist and white gloves with purple ribbons. The complete attire serves as a carefully-planned frame for her mysterious, vaguely unsettling face, "pierced" by her two black-rimmed eyes, restless and probing.

Naturally, nothing so audacious was ever attempted outside of that circle of cosmopolitan yet bizarre aristocrats, drenched in poetry, literature and art. Nonetheless, something managed to filter through into the upper-middle class as well. Little by little, for example, in posters for Mele or other department stores, fabric patterns become less conventional, with new Oriental touches, and the lines of the dresses become softer and more sinuous. Emblematic is the image Mele presented in a 1912 Dudovich poster: a young lady wrapped, one could say softly and warmly, in a cape with large flowers – Japanese peonies, a style that would continue to prevail until the mid-1920s, as can be also be seen in Italian fashion magazines.

Another anti-conventional spirit in Italy, a genuine experimenter, was Mariano Fortuny, son of the great painter who died prematurely in Rome in 1874. In 1909, the same year that Poiret moved his Paris atelier into a larger space to accommodate his growing business, Fortuny patented a tube-shaped pleated silk with shimmering colours that he used to create dresses reminiscent of classical *peplos* of antiquity. These revolutionary dresses exerted a particular magnetism for writers sensitive to the subtle beauty, including Proust, for example, whose *Recherche* mentions "those clothes by Fortuny so faithfully ancient yet so powerfully original," and D'An-

[...] Fuggimmo all'aperto:
le cadde il bel manicotto
adorno di mammole doppie.
O noto profumo disfatto
di mammole e di petit gris [...]
Nell'occhio azzurro pervinca,
nel piccolo corpo ricordi
la piccola attrice famosa ...
Alzò la veletta
[...]

La donna che indossa questo tipo di equipaggiamento – e naturalmente vi riesce solo se aiutata da una cameriera – evidentemente non è adatta al lavoro, ma solo alla vita dei salotti, dei teatri, delle *promenades*, disposta a qualsiasi sacrificio pur di piacere.

O dame che le folgori degli occhi
nell'ombra del cappello ampio temprate,
e da la gonna stretta sui ginocchi
gli stivalini lucidi mostrate [...]

recitava la scherzosa romanza *Buon Capo d'Anno*, scritta da Gabriele D'Annunzio e musicata dall'amico Francesco Paolo Tosti nel 1882, rivolta a quelle "signorine da l'amore accese" che, come le dame galanti di Goldoni giocavano e comunicavano nel Settecento con il linguaggio dei ventagli, sul finire del XIX secolo giocano e comunicano anche attraverso i codici dell'abbigliamento. E sembra quasi di udire le parole di D'Annunzio, anche se sono passati quasi trent'anni, osservando l'*affiche* ideata da Filippo Omegna per il Palazzo della Moda di Roma nel 1910: sorrisi sotto le falde del cappello, calzature lucenti e indagatori sguardi maschili. La donna (pelle bianchissima che non ha mai visto il sole, mai un centimetro di pelle scoperto, acconciature pesanti e complicate) – "nulla superava la grazia della finissima testa che pareva esser travagliata dalla profonda massa de'capelli, come da un divino castigo" scrive D'Annunzio di Donna Maria Ferres ne *Il Piacere* – è oggetto di ammirazione, irreprensibile (o almeno dovrebbe esserlo) specchio di virtù, fiore all'occhiello per l'uomo affermato. Poco importa se la moda la imbriglia, la imprigiona, la soffoca; anzi, quella moda – che nei manifesti dell'epoca diventa elemento sempre più rilevante, tanto che in un "Mele" del 1910

Dudovich arriva ad annullare visi e mani dei personaggi, facendo degli abiti e degli accessori i soli, veri protagonisti – con i suoi metri e chili di stoffe e i suoi lacci e fermagli, in realtà la protegge dalle tentazioni e la rende ancora più inaccessibile, quindi misteriosa e intrigante.

Con straordinaria acutezza ricorderà le eleganti, inespugnabili signore viennesi degli anni novanta del XIX secolo, lo scrittore Stefan Zweig, allora stupefatto adolescente: "Ma che dire della signora di quel tempo e del suo abbigliamento faticoso e tale da far violenza in ogni suo particolare alla natura? Al centro del corpo una strettoia da vespa, con un busto di dure stecche di balena, la parte inferiore, allargata come un'enorme campana, il collo chiuso fino al mento, i piedi quasi nascosti dalla sottana, i capelli complicati da innumerevoli trecce e ricci coperti da un gran mostro di cappello maestosamente ondeggiante, le mani costrette nei guanti anche nella più torrida estate; la dama, questo essere ormai storico, ci appare oggi una povera creatura compassionevole, malgrado il profumo che la circondava, i gioielli di cui era sovraccarica, i preziosi merletti e i mille ornamenti. Subito ci si accorge che una donna ficcata in una simile toeletta come un cavaliere nella sua armatura non può più avere movimenti liberi, slanciati e delicati, che ogni gesto e alla fine tutto il suo modo di essere doveva per forza diventare artificioso e innaturale. Già indossare e svestire queste toelette implicava così complesso lavoro da esigere un aiuto estraneo. Bisognava allacciare dalla vita al collo un numero infinito di ganci; il busto doveva poi venire serrato a tutta forza dalla cameriera, i capelli lunghi – ricordo ai giovani che trent'anni or sono, all'infuori di poche studentesse russe, ogni donna in Europa poteva sciogliere le proprie chiome fino ai fianchi – dovevano venir giornalmente arricciati, spazzolati, annodati da una pettinatrice di mestiere, con una legione di forcine, di pettini e mollette e con l'aiuto del ferro e dei bigodini; tutto questo prima che una donna si trasformasse con le stratificazioni delle sottovesti, dei copribusti, delle giacche e giacchettine sino a far sparire anche l'ultimo residuo delle sue forme personali"[10]. Ancora qualche anno e la donna rivendicherà il piacere di essere bella senza soffrire e

senza nascondersi, a suo agio in abiti seducenti ma comodi, sempre più autonoma, nei movimenti del corpo come nelle scelte di vita.

Modernità e primo dopoguerra, gli stilisti e la "maschietta"

A dettare legge, in Italia, sono, fino ai primi decenni del Novecento, le proposte d'oltralpe, anche se vi erano stati tentativi di moda "nazionale" in pieno clima risorgimentale, con l'aspirazione a creare un'identità italiana anche nel campo dell'abbigliamento, in Toscana, a Torino, a Roma; fino ad arrivare agli interessanti esperimenti di uno stile italiano nelle stoffe e nelle fogge dovuti all'inventiva sarta lombarda Rosa Genoni che all'esposizione di Milano del 1906 presentava, in un padiglione allestito a sue spese, abiti dai decori e dalle forme ispirati alla tradizione artistica rinascimentale[11]. Ma l'invenzione della *haute couture* e quindi la paternità dell'alta moda si fa comunemente risalire alla Francia e a Charles Frederick Worth, inventore dell'etichetta firmata, della figura della *mannequin* e delle "collezioni", una serie di abiti ideata da uno stilista, che non si piega più ai desideri della clienti, ma inventa e propone una sua linea, all'interno della quale l'acquirente può scegliere stoffe e chiedere modifiche.

Worth era nato in Inghilterra ma si era trasferito a Parigi negli anni quaranta dell'Ottocento; e quasi tutti francesi saranno quegli artefici geniali capaci di rompere con lo stanco perpetuarsi di forme e modelli ottocenteschi, che ai primi del Novecento prenderanno per esempio spunto dal mondo della danza: come Madeleine Vionnet, a inizio secolo incantata dagli abiti peplo di Isadora Duncan e poi inventrice dello sbieco e di modelli dalle linee geometriche essenziali, morbide sulle curve naturali, senza cuciture e costrizioni; una sarta dallo spirito anticonformista che non a caso ebbe tra i suoi collaboratori, nei primi anni venti, il geniale futurista italiano Thayaht. O ancora, sarà in Francia che si avvertirà nella moda l'influenza del teatro d'avanguardia o delle suggestioni esotiche allora diffuse anche grazie all'apertura di nuovi canali commerciali con l'Oriente e ai padiglioni stranieri allestiti

→ Thayaht (Ernesto Michahelles),
*La sarta (Ritratto di Madame
Vionnet)* / *The Couturier (Portrait
of Madame Vionnet)*, 1923,
Firenze / Florence, collezione /
collection Riccardo Ernesto
Michahelles

in occasione delle grandi esposizioni internazionali, quale quella parigina del 1900.

I balletti russi di Sergej Diaghilev esordiscono a Parigi nel 1906, con i meravigliosi costumi disegnati dallo scenografo Léon Bakst, ebreo di San Pietroburgo che aveva studiato a Mosca e che frequenta a Parigi l'ambiente simbolista, riuscendo a sposare nella sua arte, con inarrivabile fantasia, moderne suggestioni pittoriche e memorie del folklore russo. Le sue scene e i costumi per *Shéhérazade* di Rimskij Korsakov (1910) – piedi nudi e trasparenze di costumi orientali –, *L'oiseau de feu* di Stravinskij (1910), *Prélude à l'après midi d'un faune* di Debussy o *Le martyre de Saint Sébastien* di D'Annunzio (1912) stupiscono, scandalizzano (nella messa in scena dell'opera di D'Annunzio San Sebastiano è interpretata dalla celebre danzatrice russa Ida Rubinstein, di cui il pubblico ebbe modo di apprezzare le gambe e gli spasimi conturbanti) e lasciano il segno, ispirando

per esempio un geniale *couturier*, Paul Poiret. Poiret aveva esordito come collaboratore di Worth e del grande Jacques Doucet, il sarto che dagli anni settanta dell'Ottocento era celebre in tutta Europa come disegnatore di moda: un creatore geniale, raffinatissimo, audace – era stato tra i primi a rifiutare le costrizioni dei busti e dei corsetti –, dotato di un gusto squisito che lo guidava anche nella scelta di mobili, dipinti antichi e moderni, manoscritti e perfino arte contemporanea, che collezionava – era amico di Picasso, Braque, Matisse, Apollinaire, Gide – e di cui era un sostenitore entusiasta.

Nel 1903 Poiret si mette in proprio e lancia la moda francese nel nuovo secolo. Abbandonando pizzi e *volants*, prendendo spunto da abiti orientali – kimono giapponesi, pantaloni turchi –, eliminando del tutto l'uso del corsetto (ma inventando altre "torture", come la gonna ad anfora stretta alle caviglie,

che rendeva effettivamente difficile camminare) e giocando con fogge e fantasie, con le sue sfilate, le sue feste, le sue invenzioni e le sue imprese, che si estendono presto ai settori della decorazione d'interni e dei profumi, insegna alla donna che moda vuol dire osare, giocare, divertirsi, e che la scelta di un abito può significare la scelta di uno stile di vita totale, individuale, originale, al di là delle regole imposte dalla società e dal modello di famiglia tradizionale. Questo, almeno, nelle classi più alte e per le dame più coraggiose, come, per citare un'italiana, la celeberrima Marchesa Luisa Casati, amica di D'Annunzio, musa dei futuristi, organizzatrice di feste strabilianti nella sua dimora veneziana di Cà dei Leoni, grande sperimentatrice e provocatrice, nella moda come nella vita. Di Poiret era l'abito – sconcertante rispetto a quelli di solito scelti per i ritratti, chiari e luminosi – indossato per la posa del ritratto fattole da

nunzio, who dressed Isabella, protagonist of his 1910 novel *Forse che sì forse che no,* in Fortuny creations.

In the meantime, the futurists were aggressively declaring their disdain for the bourgeois, "backward-looking" woman (one of the eleven points of the *Futurist Manifesto*, published in *Le Figaro* on 20 February 1909, reads, "We aim to glorify war – the only cure for the world – militarism, patriotism, the destructive gesture of libertarians, beautiful ideas worth dying for, and scorn for woman"). In their vision, women were no more than instruments of pleasure and procreation. This was a clear provocation, however, considering that, although Marinetti may have proclaimed his enmity for the fragile, languid woman with her bourgeois romanticism, in his life he knew and frequented exceptional, modern women – beginning with his wife, Benedetta Cappa, an original artist and his indispensable "muse."

In the early 1900s, attracted by the will to break with the past proselytized by the movement, many young artists joined the futurist group, demonstrating a revolutionary spirit and courage seldom seen elsewhere in those years. One such artist is Valentine de Saint-Point, author of two futurist manifestos, a cultured, anti-conformist French painter who also posed for artists such as August Rodin and Alphonse Mucha. She was a poet who gained renown through her unique evening events of poetry readings accompanied by silent movements, and through her performances in which she interpreted in dance form the poetry being read by Marinetti (who had invented a gripping form of declamation, which he himself described as "genteel spasms of the voice, silky softness and brutality"). Valentine's solo show *Métachorie* opened at the Comédie des Champs-Elysée in 1913. For each dance, she changed into a different costume she had designed herself (*peplos*, armour and Oriental veils), her face covered to avoid any sort of theatricality, lit by beams of coloured lights as she moved slowly through the otherwise dark stage, thick with perfume, accompanying readings of her poetry with the movements of her body to the music of Debussy, Erik Satie and the futurist Balilla Pratella.

Thanks to the constant mingling and borrowing among the various artistic scenes in these years, ideas from theatre, poetry, literature, art and political movements (suffragettes throughout Europe were vociferously demanding the right to vote and equality of civil rights in general) all joined to bring about the progressive "liberalization" of women's bodies and habits. The true turning point for fashion, however, was the First World War. With the men away at the front, women were forced to assume traditionally male jobs and responsibilities, working in factories, fields, and public offices. By the time the war came to an end, it was clear in many countries how absurd and contradictory it would be to continue excluding women from political life. Thus, in 1918, the British Parliament granted women the right to vote (the first female deputy was elected in 1919), though not without some restrictions; in 1928, this right was extended to all women. In these same years, the vote was obtained by women in Germany and New Zealand. On the other hand, in Italy, where theoretically women had been granted admission to university since 1874, in fact they mostly attended professional and trade schools, and even that in small numbers. Meanwhile, for the very few university graduates, there was still no guarantee of a career. In a climate of intensifying discontent, the first "National Council of Italian Women" was held in 1903. Various associations were founded in the following years with the goal of gaining political and civil rights, supported by leading figures such as the pedagogue Maria Montessori, who wrote an appeal to Italian women in 1906 in the magazine *La Vita*, calling on them to register in the electoral lists. Such initiatives provoked heated debate between proponents of women's suffrage and the opposition, which included the socialist Filippo Turati, whose partner Anna Kuliscioff was a pro-vote activist. In 1912, Giolitti also opposed any change in the electoral law, convinced that women should only be granted the vote little by little after they had exercised their civil rights. The question was left suspended and, needless to say, the entire situation changed when war broke out. Female labour, previously excluded by law from the war industry, was authorized by the government and grew to represent 80% of the workforce. Absurdly, after the war, women workers were denounced for these same responsibilities and positions, accused of stealing jobs from veterans. Nonetheless, women obtained legal emancipation in 1919, but the right to vote, which Pope Benedict XV officially endorsed that year, was not granted until about thirty years later, with the referendum of 1946.

So what were the girls of the 1910s and 20s wearing, those girls, freer than their mothers, who grew up in a climate of spreading protest and then of war, and who were now discovering their desire for autonomy, for optimism, in a word, for life? *Garçonne*, flapper, these modern *maschiette* (tomboys), as they were called in Italy, wore dresses that rested on their hips, soft *cloches* with wisps of short hair peeking out from beneath (the famous haircut à la Louise Brooks, the diva of American cinema, although it was actually first used by a very young Coco Chanel), low-heeled shoes strapped securely onto their feet – and stayed on even when they danced the Charleston or the Fox Trot. Then there were also the fringes, long necklaces and impressive geometric or floral fantasies, some designed by important artists of the moment. This was Poiret's famous "1925 style," launched at the Expositions des Art Décoratifs et Industriels Modernes in Paris. Regardless of this success, Poiret ended up bankrupt from the inordinate expenses of his productions and sumptuous presentations – excessive, overly-theatrical and out of synch with the times.

The 1920-1925 woman is slim and dynamic; she goes out at night with her back exposed, her neck exposed, the hem of her skirt no lower than her knees, and often a cigarette between her fingers as well. By this time, she is free to frequent cafés, theatres, cinemas, art exhibitions and to practice sports and enjoy outdoor life. But no matter what the occasion, she wants to feel comfortable and relaxed in her clothes. It is to her that magazines like *Vogue, Harper's Bazaar* and *The Flapper* are directed: it is she who inspires Francis Scott Fitzgerald – who had married one, the ever-restless Zelda – when he describes a thousand details of the clothes, gait, and behaviour of the seductive, splendid yet distressingly fragile heroines of his novels. The diva of Lubitsch's films is often a delightful flapper, to say nothing of Ginger Rogers, who debuted in 1930 in *Young Man of Manhattan*. In a salute to the new star, Ginger's character was described by *Variety* as an "ultra modern flapper who pursues our hero," while her remark, "Cigarette me, big boy," was repeated all over America in the 1930s.

Irresistible, innocently dangerous young women they were, like Betty Boop of the American cartoon, surreal and irreverent with her short hair and garter with a heart visible to all, dancing the Charleston, walking with a swish and singing jazz with her de-

Boldini nel 1908, di raso nero, lungo fino ai piedi, con un grande manicotto di zibellino, un enorme cappello guarnito di nastri e piume, sempre neri, in vita un bouquet di violette di seta, guanti bianchi con nastri viola: un insieme che risulta una perfetta cornice per quel volto misterioso e inquietante, "bucato" dagli occhi cerchiati di scuro, indagatori e inquieti.

Nulla naturalmente di così audace veniva mai sperimentato al di fuori di quella cerchia di aristocratici cosmopoliti, bizzarri, intrisi di poesia, letteratura e arte; ma anche nella più facoltosa classe media qualcosa trapelava, e per esempio nei manifesti Mele, o di altri grandi magazzini, vediamo via via i motivi delle stoffe farsi meno convenzionali, con echi di oriente, e le forme degli abiti diventare più morbide, sinuose; come nel modello Mele presentato nel manifesto di Dudovich intorno al 1912: una cappa dai grandi fiori – peonie giapponesi – avvolge, si direbbe morbidissima e calda, la giovane dama; uno stile che avrà ancora successo fino alla metà degli anni venti, come traspare anche dalle riviste di moda italiane.

Uno spirito anticonvenzionale, da vero sperimentatore, lo dimostra in Italia anche Mariano Fortuny, figlio del grande pittore morto prematuramente a Roma nel 1874, che nel 1909, lo stesso anno in cui Poiret trasferisce il suo atelier parigino in ampi spazi adatti al crescente successo, brevetta un plissé di seta dai colori iridescenti, a tubo, che utilizza per abiti che richiamano i pepli della classicità arcaica, affascinando scrittori particolarmente sensibili alle raffinatezze, come Proust – "quelle vesti di Fortuny fedelmente antiche ma potentemente originali", scrive nella *Recherche* – e D'Annunzio, che fa indossare abiti Fortuny alla Isabella di *Forse che sì forse che no*, del 1910.

Nel frattempo, in forma violentemente provocatoria, i futuristi esprimono il loro spregio per la donna borghese e "passatista" (tra gli undici punti che compongono il *Manifesto del futurismo*, pubblicato su "Le Figaro" il 20 febbraio 1909, si legge: "Noi vogliamo glorificare la guerra – sola igiene del mondo – il militarismo il patriottismo, il gesto distruttore dei libertari, le belle idee per cui si muore e il disprezzo della donna") e propongono una visione della donna come mero strumento di piacere e di procreazione. Una provocazione perché, se Marinetti si dichiara nemico della femmina fragile e languida, romanticamente borghese, nella vita conosce e frequenta donne eccezionali e moderne, a cominciare dalla moglie, Benedetta Cappa, artista originale oltre che sua indispensabile "musa".

Saranno poi molte le giovani artiste di inizio Novecento che, attirate dalla volontà di rottura propugnata dal movimento, si uniranno al gruppo futurista, dimostrando uno spirito rivoluzionario e un coraggio inconsueti per l'epoca. Come la francese Valentine de Saint-Point, autrice di due manifesti futuristi, colta, anticonformista pittrice e modella per artisti quali August Rodin e Alphonse Mucha, poetessa, che divenne celebre grazie alle sue serate di danza-lettura, letture poetiche accompagnate da movimenti silenziosi, e agli spettacoli durante i quali le sue poesie venivano lette da Marinetti (che aveva inventato un tipo di declamazione di grande fascino, come lui stesso diceva, caratterizzata da "raffinati spasimi di voce, mollezze e brutalità vellutate"), mentre lei le interpretava con i propri movimenti. Nel 1913, da sola, Valentine inaugurava alla Comédie des Champs-Elysée il suo spettacolo *Métachorie*; durante queste danze, vestita di abiti sempre diversi da lei stessa disegnati (pepli, armature, veli orientali), il volto coperto per evitare ogni sorta di mimica, illuminata da fasci di luce colorata, si muoveva lentissima sulla scena (invasa di profumi e in penombra), accompagnando con il movimento del corpo la lettura di sue poesie, e avendo come sottofondo musiche di Debussy, di Erik Satie e del futurista Balilla Pratella.

Con continue commissioni, scambi e fusioni tra ambiti diversi, in questi anni suggestioni teatrali, poetiche, letterarie, arte e movimenti politici – le rivendicazioni delle suffragette sono vivissime in tutta Europa, per il diritto di voto e l'uguaglianza dei diritti civili – concorrono a una progressiva "liberalizzazione" del corpo e delle abitudini femminili.

Ma il vero spartiacque per la moda del primo Novecento è rappresentato dalla Prima Guerra mondiale. Con gli uomini al fronte, le donne sono costrette ad assumere impegni e incarichi tradizionalmente maschili: lavorano in fabbrica, negli uffici pubblici, nelle campagne e, quando la guerra finisce, appare evidente in molto paesi che escluderle dalla vita politica è ormai un assurdo controsenso.

Nel 1918 il parlamento britannico concede – con alcune limitazioni – il diritto di voto alle donne (la prima donna deputato è eletta nel 1919), che nel 1928 sarà esteso a tutte le cittadine maggiorenni. Negli stessi anni il voto viene concesso in Germania e in Nuova Zelanda. In Italia le donne, che sono in teoria ammesse alle università dal 1874, di fatto frequentano soprattutto, e in numero comunque ancora esiguo, gli istituti professionali e commerciali; per le pochissime laureate non è garantito l'accesso alla professione. Tra crescenti malumori nel 1903 si era riunito il primo "Consiglio nazionale delle donne italiane" e negli anni seguenti erano nate associazioni che avevano come obiettivo l'acquisizione di diritti politici e civili, sostenute da personaggi di spicco come la pedagoga Maria Montessori, che firmava nel 1906 un appello alle donne italiane sulla rivista "La Vita", affinché si iscrivessero alle liste elettorali; un'iniziativa che accese il dibattito fra i sostenitori del voto alle donne e i contrari, tra i quali si pronunciò anche il socialista Filippo Turati, la cui compagna Anna Kuliscioff era invece un'attivista pro-voto. Ancora nel

← Marcello
Dudovich,
*Mele & Ci.
Napoli*,
circa 1912

→ "La Scena
Illustrata",
1-15
giugno /
June 1926

← Donne al lavoro nella fabbrica /
Women working in the factory Lincoln
Motor Company, Detroit, Michigan
1914-1918

1912 Giolitti si opponeva alla modifica della legge elettorale, convinto che il voto alle donne dovesse essere concesso gradualmente dopo aver esercitato i diritti civili. La questione rimase in sospeso e con lo scoppio della guerra tutto, ovviamente, cambiò. La manodopera femminile, fino ad allora esclusa per legge dalle industrie belliche, venne autorizzata dal governo fino a coprire l'80 % del personale; responsabilità e incarichi che per assurdo verranno biasimati alle donne lavoratrici, quando, finita la guerra, si rimprovererà loro di rubare l'impiego ai reduci. Nel 1919 tuttavia le donne otterranno l'emancipazione giuridica, anche se il voto, su cui si dichiara favorevole nello stesso anno papa Benedetto XV, verrà concesso solo quasi trent'anni dopo, con il referendum del 1946.

Che cosa indossano dunque le ragazze del secondo e del terzo decennio del XX secolo, che sono cresciute in un clima di serpeggiante protesta e poi di guerra, più libere delle loro madri, e che ora si scoprono desiderose di autonomia, di ottimismo, di vita? *Garçonne, flapper* – "to flap" è lo sbattere d'ali dell'uccellino che spicca il volo – "maschietta" come la si chiama in Italia, la ragazza moderna indossa abiti che scivolano sui fianchi, morbide *cloches* da cui fuoriescono ciocche di capelli corti (il celebre taglio alla Louise Brooks, la diva del cinema americano, lanciato in realtà da una giovanissima Coco Chanel), scarpe dal tacco basso tenute salde al piede da un cinturino, che non scappino via se si deve ballare un charleston o un fox trot, e ancora frange, lunghe collane, vistose fantasie geometriche o floreali, talvolta disegnate da grandi artisti del momento: è il famoso "stile 1925", lanciato all'Expositions des Art Décoratifs et Industriels Modernes di Parigi, che vede il trionfo di Chanel e la definitiva caduta di Poiret, in bancarotta per i costi delle sue produzioni e delle sue sontuose presentazioni, che appaiono ora eccessive, esageratamente teatrali e fuori tempo.

La donna 1920-1925 è sottile, scattante, esce la sera con la schiena nuda, la nuca scoperta, l'orlo della gonna al ginocchio, spesso una sigaretta tra le dita, e ormai è libera di frequentare i caffè, i teatri, i cinema, le mostre d'arte, di praticare sport e di godere della vita all'aria aperta; in ogni occasione, vuole sentirsi comoda e disinvolta nei suoi abiti. A lei si rivolgono riviste come "Vogue", "Harper's Bazar", "The Flapper"; a lei si ispira Francis Scott Fitzgerald – che ne aveva sposata una, la inquieta Zelda – tratteggiando attraverso mille dettagli, abiti, movenze, comportamenti, le eroine dei suoi romanzi: seduttive, splendenti e allo stesso tempo così struggenti e fragili. È spesso una deliziosa *flapper* la protagonista dei film di Lubitsch, o la Ginger Rogers che esordisce nel 1930 in *Young Man of Manhattan*: "Cigarette me, big boy", divenne un modo di dire nell'America degli anni trenta e, salutando la nuova stella, la rivista "Variety" descriveva il suo personaggio come una "ultra modern flapper who pursues our hero".

Fanciulle irresistibili e innocentemente pericolose, insomma, come la Betty Boop dei *cartoons* americani, surreale e irriverente, che balla il charleston, porta i capelli corti, la giarrettiera a cuore in vista, cammina ancheggiando e canta a ritmo di jazz con una deliziosa vocina infantile. Creata nel 1930 dai fratelli Max e Dave Fleischer, pionieri della cinematografia d'animazione, la povera Betty tuttavia, dopo aver fatto sognare il pubblico maschile per pochissimi anni, nel 1934 verrà (sulla base del codice Hays, che regolava la

→ Joseph Christian
Leyendecker,
*Arrow Collars
and Shirts*,
circa 1925

→ Max Fleischer,
Betty Boop,
1932

↓ Anonimo /
Anonymous,
Au bon marché,
circa 1930

Liliana si esercita per diventare una donna forte

LILIANA PARTE PER LA CAMPAGNA

← *Liliana si esercita per diventare una donna forte*, "La Scena Illustrata", 1-15 marzo / March 1926

← *Liliana parte per la campagna*, "La Scena Illustrata", 1-15 settembre / September 1925

↙ *La donna sportiva*, "La Scena Illustrata", 1-15 ottobre / October 1930

LA DONNA SPORTIVA

moralità della cinematografia americana, invocato dai conservatori) costretta a indossare abiti castigati e a occuparsi delle mansioni domestiche, per sparire definitivamente dallo schermo nel 1939. O come, anni dopo, la più irresistibile di tutte le *flappers* mai immaginate da scrittori, registi o illustratori, la incantevole, innocente e conturbante Marilyn Monroe.

Fa capolino, la "maschietta", anche in riviste italiane come "La Scena Illustrata", quindicinale di letteratura, arte, teatro, attualità e sport fondato a Firenze da Pilade Pollazzi nel 1885, dal taglio internazionale e dalla raffinata grafica liberty, sulle cui pagine negli anni venti è spesso tratteggiata la figura di una deliziosa giovane donna, sportiva, disinvolta, birichina, spesso "single", colta in momenti di divertimento con le amiche, e innamorata più che altro dello shopping.

E con quel margine di ritardo nostrano, sarà pensando alla deliziosa *flapper* che Ernesto Bonino, nel 1946, interpreterà alla radio una canzoncina dal ritmo swing:

Oltre la mamma, e la vecchia Concetta sorella di mamma o papà
ho una cugina graziosa maschietta, che quasi impazzire mi fa...
Conosci mia cugina? Che tipo originale!
Moderna, assai carina, non puoi trovar l'eguale
Lei balla il boogie woogie, conosce un po' l'inglese,
con modo assai cortese sa mormorare: "For you"
Se l'incontri la mattina sul tranvai
Ti grida "hallo goodbye!"
Se nel bar l'inviti a prendere un cocktail
Se ne beve cinque o sei... oh...
Conosci mia cugina? Che tipo seducente
Ti guarda sorridente, ma non c'è niente da far!
[...] ho una cugina veramente deliziosa
che tutti i giorni
mi combina qualche cosa
fa il tip tap ogni mattina per la casa
sa canticchiare
sa fischiettare
ma se ne infischia di me!

licious childlike voice. Created in 1930 by the pioneers in animation, brothers Max and Dave Fleischer, she only managed to invade the dreams of her male audience for four years; in 1934, poor Betty was forced into chaste apparel and domestic chores in order to comply with the Hays Code, passed by conservatives with the aim of regulating the morality of American cinema. Not surprisingly, Betty disappeared definitively from the screen in 1939. Yet years later appeared the most irresistible of all the flappers ever imagined by writers, directors or illustrators: the enchanting, innocent, disconcerting Marilyn Monroe.

The "tomboy" also appeared in Italian magazines like *La Scena Illustrata*, a bimonthly review of literature, art, theatre, news and sport founded in 1885 by Pilade Pollazzi in Florence, with an international slant and elegant Art Nouveau graphics. In the 1920s, its pages were full of delightful young women, sporty, casual, impish, and often single, captured in a moment of pleasant leisure with their girlfriends, and more than anything else, crazy about shopping.

Manifesting that typical Italian margin of delay, Ernesto Bonino, in 1946, was surely thinking of those delightful flappers when he performed his swing song on the radio:

Besides my mum, and old Concetta mum's sister
or is it dad's?,
I have a sweet little tomboy cousin, who almost drives me mad...
Do you know my cousin? What a character she is!
So cute and modern, you won't find her equal.
She dances the boogie-woogie, knows a bit of English, too
and oh-so-politely she can murmur "For you."
If you run into her some morning on the tram
She'll yell out "hallo goodbye!"
If you invite her a cocktail in a bar,
She'll drink five or six... oh!..
Do you know my cousin? What a beguiling girl she is!
When she smiles at you, there's nothing you can do.
[...] I have a truly delicious cousin
and every day
she's up to something
She dances tip-tap round the house
knows how to hum
and how to whistle
but she doesn't give a damn about me!

Fashion in Italy and Italian fashion in the 1920s

"Tomboys" were cutting their hair short in Italy, too. "This is not just a fashion that will catch on a bit, but an authentic innovation proffered by the hairdressers of America," said the magazine *Lidel* in its February 1924 issue.[12] These *maschiette* dance, drive cars, play tennis, go skiing, swim, and might even take up boxing, as was happening in Japan.[13] They are slim – super-slim – agile, quick, free to get a tan (a term only used in its present sense in Italy since 1926). Gone is the languid pallor of the 19th and early 20th century, once a clear-cut sign of the upper-class (the guests at the Lido in Thomas Mann's *Death in Venice* in 1912 do not lay out in the sun whereas the young protagonists of Fitzgerald's *Tender is the Night* do in 1932); in fact, a tanned face and body becomes a mark of social status and visible proof of a carefree, glittering, dynamic life. Irene Brin brilliantly described the physical characteristics of these new human types and quirks, as well as its defects stemming from the artificial mannerisms adopted so rapidly and superficially.[14]

They wore clothing that left the body free, loose and not ostentatiously seductive, such as those used by the women in Marcello Dudovich's posters, although this way of dressing was still considered a dangerous symptom of anti-conformity by "decent folk." Thus, for example, Alfredo Panzini attacked these posters in the pages of *Rassegna italiana del Mediteranneo* in January 1921. Describing Dudovich's *La signorina dalla veletta*, a large painting (200 x 130 cm) in a private collection featuring young women similar to those in his posters, Panzini called it a hymn to the female virago who "seeks power like the proletariat, makes fun of the holy bond of marriage and of the old moral and physiological conventions."[15]

In these years in Paris, and in this cultural and social climate, three designers in particular were enjoying enormous success: Jeanne Lanvin, who created the first collections for children and designed clothing that fell loosely over the body, quite popular in Italy as well, Patou, who launched the first truly sports fashion in the 1920s, and Coco Chanel. Not a dressmaker but a creator of new styles, Chanel – who began her career in 1909 as a hat designer who made perfectly simple straw hats which were, for that very reason, revolutionary – "invented" strings of

pearls and semi-precious stones, "jewel" buttons, costume jewelry, suits with braided trim, women's slacks for vacations by the sea (she opened a shop in Deauville, the exclusive sea resort, in 1913, and then another in Biarritz two years later), la *petite robe noir*, skirts down to below the knees and low waistline, the use of sober, minimal colours – white, black, beige, dark blue – the jersey... a *genre pauvre* that gained popularity during the war years and soon triumphed in Paris and on the market. In the early 1920s, Mademoiselle, as she was called, owned a large atelier on Rue Cambon and frequented intellectuals and artists such as Picasso, Diaghilev and Cocteau, for whose works she also made costumes. At the end of the 1930s, la Maison – which would close during the war but reopen in 1954, with new ideas (tweed, little *matelassé* bags...) and renewed success – employed thousands of workers. It produced not only clothes and models, but a new loose-fitting, essential style, a distinctive sign of elegance in which male and female "genres" intermingle. Defined by Coco herself as "costly, sophisticated poverty," the style was both timeless and in keeping with the times, caught between a desire for life, amusement and luxury and the austerity imposed by the economic crises and winds of war.

Meanwhile, although Italian fashion continued to look towards France, it began to take its first independent steps; in 1919, sponsored by the Ministry of Industry and Commerce, the First National Congress of the Trade and Clothing Industry was held in Rome, with the goal of liberating Italian production from the rule of France. Particularly promising ideas were presented by Fortunato Albanese, who had been instrumental in bringing about the congress (in which the industrialists from Milan did not participate, fearing that a proposal to reduce the work day to eight hours would be debated) and the ever-active Lydia De Liguoro, who in May of that same year had founded the magazine *Lidel* (which would survive until 1935 although De Liguoro only directed it until the end of 1923). The magazine was aimed "at Italy's finest women to make them appreciate each of our beautiful, worthy things, encouraging our creative artists to promote an Italian fashion."[16]

Lidel spared no effort on its graphics, with contributors such as Loris Riccio, Francesco Dal Pozzo, Sergio Tofano (known as Sto in the art world, the super-suave inventor of Signor

Vecchi nibbi e trillanti
lodolette,
"La Scena Illustrata",
1-15 settembre /
September 1925

Un servizio difficile,
"La Scena Illustrata",
1-15 febbraio /
February 1926

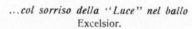

... col sorriso della "Luce" nel ballo
Excelsior.

Moda in Italia e moda italiana negli anni venti

Anche in Italia le "maschiette" si tagliano i capelli – "non si tratta di una moda che più o meno attecchirà, ma di una vera e propria innovazione apportata dai parrucchieri di America" si legge sulla rivista "Lidel" nel numero del febbraio 1924[12] –, ballano, guidano la macchina, giocano a tennis, vanno sugli sci, nuotano, addirittura potrebbero giocare a boxe come già accade in Giappone[13]. Sono magre, magrissime anzi, agili, rapide, libere di abbronzarsi, termine che nell'accezione corrente viene documentato in Italia solo dal 1926. Dimenticati i languidi pallori ottocenteschi e di inizio secolo, segno distintivo di classe (non si espongono al sole gli ospiti del Lido in *Morte a Venezia* di Thomas Mann, del 1912, contrariamente a quanto faranno i giovani protagonisti di *Tenera è la notte* di Fitzgerald, nel 1934), un bel colorito diventa infatti status sociale e prova evidente di una vita spensierata, frizzante, dinamica. Nuovi tipi umani e nuove manie che ha spesso e sapientemente descritto Irene Brin, nelle caratteristiche fisiche e anche nei difetti, dovuti a pose artificiose troppo rapidamente e superficialmente apprese[14].

Abiti senza costrizioni, morbidi, non ostentatamente seduttivi, quali quelli indossati dalle modelle che compaiono nei manifesti di Marcello Dudovich, divengono tuttavia per i ben pensanti sintomo di pericoloso anticonformismo: non a caso l'opera di Dudovich era stata attaccata sulle pagine della "Rassegna italiana del Mediterraneo" nel gennaio 1921 da Alfredo Panzini, che aveva visto ne *La signorina dalla veletta* – una tela di grandi dimensioni (200 x 130 cm) di collezione privata, così simile ad altre analoghe signorine che compaiono nei suoi manifesti – un inno alla donna virago che "vuole il potere come il proletariato, se la ride della consacrazione del matrimonio, delle vecchie convenzioni morali e fisiologiche"[15].

In questi anni e in questo clima culturale e sociale, a Parigi hanno grandissimo successo Jeanne Lanvin, che ha creato le prime collezioni per bambini e disegna abiti dalle linee scivolate, molto seguita in Italia, Patou, che lancia negli anni venti la moda sportiva, e Coco Chanel. Non sarta ma creatrice di stile, Chanel, che aveva cominciato la sua attività nel 1909 come modista, creando dei semplicissimi cappellini di paglia, essenziali e quindi rivoluzionari, "inventa" i fili di perle e pietre, i bottoni "gioiello", la bigiotteria in vista, i tailleur con il bordo in passamaneria, i pantaloni femminili per le vacanze al mare – a Deauville, esclusiva meta balneare, aveva aperto un negozio nel 1913, seguito due anni dopo da quello di Biarritz – la *petite robe noire*, la gonna sotto al ginocchio e la vita bassa, l'uso di colori sobri ed essenziali, bianco, nero, beige, blu, il jersey... un *genre pauvre* che fa fortuna negli anni della guerra e presto conquista Parigi e il mercato. Nei primi anni venti Mademoiselle, come la chiamano, possiede un grande atelier a rue Cambon, e frequenta intellettuali e artisti come Picasso, Diaghilev, Cocteau, per il quale è anche costumista. Alla fine degli anni trenta, la Maison – che chiuderà con la guerra per riaprire, con rinnovate idee (il tweed, la borsetta matelassé...) e nuovi successi nel 1954 – ha migliaia di lavoranti, e non produce solo abiti e modelli, ma uno stile, un segno distintivo di eleganza, sciolto ed essenziale, nel quale i "generi" maschile e femminile si mescolano: è una "costosa, raffinata povertà", come la definirà la stessa Coco, senza tempo ma insieme in linea con il clima dell'epoca, tra desiderio di vita, di divertimenti, di lusso, e l'austerità imposta dalle crisi economiche e dai venti di guerra.

Intanto, la moda italiana continua a guardare alla Francia, ma comincia anche a muovere i primi autonomi passi; nel 1919 era stato tenuto a Roma, voluto dal Ministero dell'Industria e del Commercio, un primo congresso nazionale dell'industria del commercio e dell'abbigliamento, il cui obiettivo era emancipare la produzione italiana dai dettami francesi. Durante il congresso si erano distinti per idee e intraprendenza Fortunato Albanese, che aveva fortemente voluto quel congresso (non vi parteciparono gli industriali milanesi perché temevano che in quella sede si discutesse una proposta per introdurre le otto ore di lavoro), e l'attivissima Lydia De Liguoro, che nel maggio dello stesso anno avrebbe fondato la rivista "Lidel" (che uscirà fino al 1935, anche se la De Liguoro abbandona la direzione alla fine del 1923), rivolta "al fior delle donne d'Italia per far loro apprezzare ogni nostra cosa bella e degna, incoraggiando i nostri creatori artisti in favore di una moda nostra"[16].

La rivista è molto ricercata dal punto di vista

↑   *Le spose (Maison Lanvin)*, "Lidel", Natale / Christmas 1923

←   Loris Riccio, *La boxe femminile*, "Lidel", marzo / March 1924

←   Marcello Dudovich, *La signorina dalla veletta* / *Young Lady with a Veil*, 1921, collezione privata / private collection

Pubblicità della Maison Lanvin, "Lidel",
aprile / April 1924

→ *Jean Patou parfumeur Paris*, "Lidel", dicembre / December 1929

→ Vera, *Modelli estivi di Caroline e di Patou*, "Lidel", maggio / May 1924

Bonaventura, the beloved character in the *Corriere dei Piccoli*), Enrico Sacchetti, Filiberto Mateldi, among the imaginative illustrators of the children's series "La Scala d'Oro" (his wife Brunetta was also a highly respected illustrator and fashion designer, whose work appeared in *Lidel* and other popular magazines such as *La Lettera*, Erberto Carboni, René Gruau (Renato Zavagli Ricciardelli),[17] and Vera Rossi Lodomez, known as Vera, editorialist and *haute couture* illustrator.

The magazine published the latest in fashion, furnishings, theatre, cinema and dance, with reviews of art exhibitions of Biennials, Triennials, Quadrennials, and retrospectives written by experts (Guido Marangoni, for example, inventor of the Biennial of Decorative Arts in Monza, among the first in Italy to raise arts relegated as "minor" to the status of "major" arts) as well as stories by prestigious authors, such as Matilde Serao. In effect, *Lidel* stylishly promoted Italian fashion, advertising national houses and companies along with the great French *maisons*. Their products – always displayed in exclusive settings, such as party halls, vacation resorts, and venerable hotels – included furs, textile products such as those of Fortuny in Venice[18] and the silk factory in Como, fashion houses like Ventura (present in both Milan and Rome), Ferrario, Sandro Radice, the Maison Marguerite, Gatti, almost all located in

Milan, predominantly in the area of Corso Vittorio Emanuele. To some, this represented an excessive centralization, and in fact in 1932 Mussolini declared Turin the Fashion Capital of Italy, to the great dissatisfaction of the Milanese. De Liguoro later joined the Women's National Fascist Party in Milan, which actively launched an anti-luxury campaign, with initiatives in Genoa, Florence and Milan that called for the adoption of simple apparel, such as suits or – revealing a futurist tendency (Marinetti's manifesto *Against Female Luxury* was published that same 1919) – Thayaht's *tuta*. The campaign seemed too rigid at first but was later "perfected," specifying that only imported luxury items need be combatted. This approach was perfectly in line with the policies of the Duce, who supported the activity of the magazine in the interests of a common goal: "The affirmation of Italy and Italianness in Italy and the World," as he wrote in a telegram to the management on the occasion of the first issue.

In 1923, in the Trade Fair in Milan, the first, rather improvised, Fashion Pavilion was set up so that, alongside the French *maisons*, Italian houses were able to have their fashion shows as well. The next year, more steps were taken at the Trade Fair, which "sought to be an affirmation of Italian industrial and commercial production," and *Lidel* viewed the results favorably: "This year, it was clear that the most important presentations at

the Palazzo della Moda should be those of the Italian houses and, under the direction of Cav. Montano,[19] the first 'High Fashion Union' was founded to bring together all our most important houses in a single common effort: to show that our great dressmakers are just as capable as the French of creating styles for hats and garments, the delight of our ladies. Unfortunately, not all the houses responded with that drive which, given the importance of the initiative, should not have been lacking [...]. Uncertainty? Scepticism? Fear [...]? Regardless, the First Union of Italian High Fashion has been founded [...] Six dressmaking houses: Ferrario, Fumach-Medaglia, Moro & C., Sandro Radice, Soc. An. Teatro della Moda, Ventura, and five milliners: Dora Nanni, Teresina Piotti, Sekules Mangili, Maison Dragoni, and Luigia Guerci."[20]

In the descriptions of the models presented – suits and dresses for every time of day – Vera, author of the article, could not do without the French terminology for fabrics, colours and cuts, but an "Italic pride" filtered though nonetheless, for example, when she described the Ferrario dresses as having a "truly new look", or Radice's "ultra-original transforming clothes", "a real find". In the same period and often on the same pages, perfumes were also progressively being "nationalized": Eau de Cologne aux Fleurs d'Italie. The great Italian brand," recites the publicity for Serpa

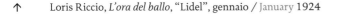

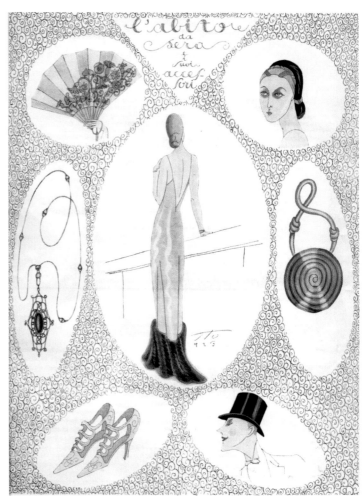

Loris Riccio, *L'ora del ballo*, "Lidel", gennaio / January 1924

Sto (Sergio Tofano), *L'abito da sera e i suoi accessori*, "Lidel", Natale / Christmas 1923

della grafica, con collaboratori quali Loris Riccio, Francesco Dal Pozzo, Sergio Tofano, in arte Sto, il garbatissimo inventore del Signor Bonaventura, personaggio tra i più amati del "Corriere dei Piccoli", Enrico Sacchetti, Filiberto Mateldi, tra i più fantasiosi illustratori della serie editoriale per ragazzi "La Scala d'Oro" (anche sua moglie Brunetta era apprezzata illustratrice figurinista, sulla stessa "Lidel" e su riviste a grande diffusione come "La Lettura"), poi Erberto Carboni, René Gruau (Renato Zavagli Ricciardelli)[17], Vera Rossi Lodomez, in arte Vera, editorialista e illustratrice di grande eleganza. Aggiornata sulle novità della moda, dell'arredamento, del teatro, del cinema e della danza, con recensioni di mostre d'arte (Biennali, Triennali,

Quadriennali, monografiche) affidate a esperti (Guido Marangoni, per esempio, inventore delle Biennali d'arte decorativa di Monza, tra i primi in Italia ad aver elevato al rango delle arti "maggiori" arti ritenute allora "minori"), racconti di firme eccellenti (come Matilde Serao), "Lidel" promuove con garbo la moda italiana, reclamizzando, accanto alle grandi Maison francesi, ditte e aziende nazionali, i cui prodotti sono sempre illustrati in ambientazioni esclusive: saloni da festa, luoghi di villeggiatura, grandi alberghi: e quindi ecco le réclame di pellicce rie, manifatture di tessuti come Fortuny a Venezia[18] o le seterie di Como, case di moda quali Ventura (con sedi a Milano e Roma), Ferrario, Sandro Radice, la Maison Marguerite, la ditta Gatti,

quasi tutte di Milano, concentrate nella zona di Corso Vittorio Emanuele. Forse una centralizzazione eccessiva, se nel 1932 Mussolini ordinerà di eleggere Torino, tra l'insoddisfazione dei milanesi, capitale della moda.
La De Liguoro avrebbe in seguito aderito al Fascio femminile nazionale di Milano, attivo nella promozione di una campagna contro il lusso le cui iniziative, a Genova, a Firenze, a Milano, prevedevano l'adozione di abiti semplici come il tailleur o – con tangenze futuriste (dello stesso 1919 è il manifesto di Marinetti *Contro il lusso femminile*) – la tuta di Thayaht. La campagna, che era sembrata sin dall'inizio troppo rigida, verrà poi "perfezionata", specificando che si sarebbe dovuto combattere solo il lusso di importazione straniera. Propo-

Filiberto Mateldi, *Costumi da bagno*, "Lidel", maggio / May 1924

Filiberto Mateldi, *Moda maschile. L'abito da società*, "Lidel", gennaio / January 1924

(present in Milan and Lissone). The ads for Bertelli perfumes seem like some kind of coarse manifesto: "And, with all this marvelous production at home, we stubbornly continue to buy foreign perfumes! ... But we know how to appreciate once and for all the stuff that is ours, that is better than anything from outside, and we will always choose our own, without thinking twice, with pride".

Anyway, the fashion proposed on the pages of a new super-sophisticated magazine founded in April 1925 was thoroughly Italian. The expensive magazine (ten liras) lavished even more attention on its graphics, with fabulous colour prints and covers by Giorgio Federico Dabovich, Francesco Dal Pozzo, Marcello Nizzoli, Giuseppe Palanti, Loris Riccio, Sto, and a novice Boccasile, who still

signed as Gi.Bi., or Giby, and contributed to the magazine until January 1928 as an illustrator of scenes showing the new habits and trends and also of fashion, presenting models of the most exclusive fashion houses, some French but mostly Italian. The spirit of the magazine was embodied perfectly in his slender women with their short hair and haughty expression, who have little in common with the future ladies of "Grandi Firme."[21] That magazine is *Fantasie d'Italia*, so-named by D'Annunzio (though it was changed to *Domina* in 1932). The first director, Arnaldo Fraccaroli (followed by De Liguoro), was a journalist and author of short stories, novels and comedies, who had been traveling the world since 1909 as the special envoy for *Corriere della Sera*. It was an ambitious publication that covered art, theatre,

fashion, literature, sport and high society, but above all, it was *Italianissima*, as it said in the special insert of Christmas 1925 - New Year 1926, "in spirit, art, conception, realization. It is highly original: others try to imitate us, but they just manage to copy us, when they manage at all. It covers everything that is beautiful, good and useful."[22]

Official organ for the National Fascist Federation of the Clothing Industry, and, like *Lidel* and *Sovrana* (whose subtitle read "Monthly Magazine of the Chosen Life"), printed by the National Institute for Industrial and Commercial Propaganda, *Fantasie d'Italia* took on the goal of liberating Italian fashion from French domination. Nonetheless, it featured a column covering events in Paris and, for example, the new winter fashions of 1927, both Italian and French, were

↑   Enrico Sacchetti, *Febbraio*, "Lidel", febbraio / February 1924   ↑   Brunetta, *Biancheria di una signora elegante*, "Lidel", luglio / July 1930

ste perfettamente in linea con la politica del Duce, che sostiene l'attività della rivista in nome di un comune obiettivo: l'"affermazione dell'Italia e dell'Italianità in Italia e nel Mondo", come recita il telegramma da lui inviato alla direzione in occasione della prima uscita.

Nel 1923, nell'ambito della Fiera campionaria di Milano, è costruito un primo, abbastanza improvvisato, Padiglione della Moda, e accanto ai modelli francesi sfilano case italiane: ma già, si legge su "Lidel", l'anno seguente, sempre nell'ambito della Fiera, che "vuole essere una affermazione della produzione industriale e commerciale italiana", l'iniziativa si era strutturata con soddisfacenti risultati: "Quest'anno si è subito pensato che le più importanti presentazioni al Palazzo della Moda avrebbero

dovuto essere quelle delle case italiane e, sotto la direzione del Cav. Montano[19], si è costituito un primo 'Sindacato dell'Alta Moda' che doveva riunire le più importanti case nostre in uno sforzo concorde, per mostrare che nostri grandi sarti sanno, al pari di quelli francesi, creare i modelli di cappelli e di abiti, delizia delle nostre signore. Purtroppo non tutte le case interpellate hanno risposto con quello slancio che, data l'iniziativa importantissima, non avrebbe dovuto mancare [...]. Incertezza? Scetticismo? Timore [...] ? In ogni modo, il Primo Sindacato dell'Alta Moda Italiana è nato [...]. Sei case di sartoria: Ferrario, Fumach-Medaglia, Moro & C., Sandro Radice, Soc. An. Teatro della Moda, Ventura, e cinque case di cappelli: Dora Nanni, Teresina Piotti, Sekules

Mangili, Maison Dragoni, Luigia Guerci"[20]. Nelle descrizioni dei modelli presentati – tailleur, abiti da pranzo, da pomeriggio e da sera – Vera, autrice dell'articolo, non può fare a meno di usare la terminologia francese citando tessuti, colori, tagli, ma traspare tuttavia un "italico orgoglio" nella descrizione per esempio degli abiti Ferrario "dall'aspetto realmente nuovo", o degli "originalissimi abiti a trasformazione" di Radice, "vere trovate".

Nello stesso periodo, e spesso sulle stesse pagine, anche i profumi si "nazionalizzano": "Eau de Cologne aux Fleurs d'Italie. La grande marca italiana" recita la pubblicità della Serpa, con sede a Milano e Lissone, mentre la pubblicità dei profumi Bertelli è quasi un rude proclama: "E noi, con questa meravigliosa produzione in

paraded together at the Hotel Excelsior of the Venice Lido, in a high-society event organized by the magazine along with none other than a French monthly, *Foemina*.[23] Similarly incongruously, the wedding dress worn by Edda Mussolini on 24 April 1930, when she married the handsome Galeazzo Ciano, was Italian, of course – down to her ankles, very simple with only a short train – but it was based on a design by Chanel.[24] It is worthwhile to glance over a few articles and their respective illustrations to appreciate the quality and quantity of research carried out in these years by Italian fashion houses and firms, as well as the elegance and subtlety of fashion illustrations of the period.

Consider, for example, the shawls, kimonos or pajamas[25] of the company Carlo Piatti of Monza, conceived, designed and then transformed into powerful graphic illustrations by Marcello Nizzoli. The images reflect the tendency in posters of the time to eliminate all description or suggestions of the setting, leaving the entire space free for the subject of the advertisement, in accordance with the theory expressed by the great Leonetto Cappiello of the "idea-character", or, like the title of the magazine published by the advertising agency "Maga" of Bologna, of the "punch in the eye."

Piatti shawls – exclusive hand-embroidered items – became another distinctive mark of the upper-class when even the Queen of England received one in homage in April 1926. Likewise exclusive, for both their elegance and rendering, were the items produced by the firms of Moro, Dragoni, Cicogna, Carlo Ferrario, Zulli, Bigi, Pagani Tizzoni, Gina Concialini, Finzi, Forti, Giudici, Lucchini, Candiani, designed by Dabovich (like other illustrators, he often created his own original designs), Boccasile, Somalvico (who in 1926 designed one of the super-elegant models of Marta Palmer, mother of the future famous dressmaker Kiki, who designed clothes for D'Annunzio's many female guests at the Vittoriale, Gruau, Santambrogio, Paola Bologna, Max Ninon (pseudonym of Vittorio Accornero, known for his magnificent illustrations for children's books), Dal Pozzo, who, for example, in the December 1925 issue, proposed "some of his original fabric creations, in which he sought to align himself with the most important expressions of modernity, in both the seductive colours and the fusion and combination of lines"[26] and where, in fact, he reached heights of sophisticated abstraction. All of these were entirely Italian fashion houses, widely pub-

licized beside the finest textile and silk firms of the Como area: Daghetta, Stucchi, Velca, Guido Ravasi, Luigi Taroni, Lucchini, and Braghenti, who organized conferences and conventions (such as the convention held by Fraccaroli in the Casino Sociale in Como in February 1926)[27] to publicize their products.

While many debated quite seriously about the "suitable elegances" for a vacation by the sea, in the mountains or on a cruise,[28] and Fraccaroli, in an exhilarating story has his protagonist say, "Fashion is a *raison d'être* [...] the true great secret of the continual evolution of fashion is [...] youth, the desire to stay young forever [...] everything that concerns women's fashion is very noble and serious [...] because fashion is the expression of a constant urge for perfection, for an ever-greater beauty"[29]; and the most refined magazines said that even underwear should be "artistic", still, not everyone could afford the luxury of *haute couture*. Thus, the number of firms producing clothes at a medium (but never truly low) price began to grow, especially in the major cities. In addition to Rinascente, founded in 1917, UPIM (Unico Prezzo Italiano Milano) was founded in 1919 and Standard in 1931 (whose name changed to Standa in 1937). The basic idea was to dress the Italian woman well, at a moderate price, or even better, to supply her with models for clothes and accessories easy to acquire even for those with few means, by means of posters, shop windows, catalogues, and the pages of the popular new magazines. This need to "democratize" fashion, to maximize the number of consumers, is also reflected in initiatives such as that of Rinascente, whose sales strategy was handled by Luigi Casoni Dalmonte, the inventor in 1919 of the first advertising contest in Italy, in that case, for Kalikor toothpaste ("to sing my virtues, all it takes is a smile") and founder of the Agenzia ACME-Dalmonte in Milan in 1922.[30] In some smaller towns on the edge of the big cities, Dalmonte had the clever idea of offering free trips to the nearest sales outlet of the chain.[31] Thus the shop, and shopping, became part of urban modernity, as can be appreciated in any number of films from the 1930s, both American and Italian, in which clothing store chains are the setting where personal and romantic experiences are triggered.

A good example is the 1939 hit film *I grandi magazzini*, by Mario Camerini, with music by D'Anzi, Cicognini and Bixio, and elegant sets by Guido Fiorini (engineer, rationalist architect and belated futurist).

On the seven floors of the Grandi Magazzini, there is a vile attempt to steal from the company but also a romantic clash between Vittorio De Sica and Assia Noris (Lauretta, a blond salesgirl in the sports department, a "smiling blond" who "will conquer you", as the tune repeated in the film said). Their story unfolds in the midst of frenetic preparation of packages for mail order sales, discounts, markdowns and the overtime hours that allow salesgirls to dream of buying themselves a suit. The homonymous song by Gilbert Mazzi ("you in the Grandi Magazzini looking for happiness...") is a hymn to the sweet, honest, decent salesgirl who conquers the heart of the good fellow on her shift forever, more than any *femme fatale* ever could.

Marianna in slacks: clothes and the body in the 1930s

What? Don't you know
what world you're living?
Don't you hear the paperboys
yelling out the latest news?
It seems so it seems that Marianna
tired of the countryside
has bought a pair of slacks
and is heading off to ski.

Heard over the microphones of EIAR in 1938, this song was sung in their delightful swing style by Alexandrina, Judik, and Catharina Leschan, known and loved by radio listeners throughout Italy as the Trio Lescano (and today revived irresistibly in song and theatre by the Sorelle Marinetti), accompanied by Pippo Barzizza's orchestra. Franco Ansaldo's lyrics for *Ultimissime* and the sparkling music with its jazzy sound are a gentle spoof of the conservative, and mostly country, women who, regardless of the diverse and often contradictory directives of the regime, represented a dying breed by the beginning of the 1930s. *La Marianna la va in campagna*, said a particularly popular song of the period, and certainly, fascism had promoted the image of the matronly woman, whose role as mother and wife was supposed to fulfill all her existential aspirations within the four walls of her home.

On the contrary, the uninhibited Marianna of the Trio Lescano was not only fed up with the countryside, but she even wears slacks (an item of clothing that was launched with much scandal in the heyday of futurism), unambiguous sign of her

↑ Brunetta, *L'eleganza nei dettagli*, "Lidel", settembre / September 1930

↑ *Modelli della Casa Ferrario e cappelli di Dora Nanni*, "Lidel", aprile / April 1924

↑ Loris Riccio, *Creazione della Casa Ventura*, "Lidel", Natale / Christmas 1923

↑ Loris Riccio, *Modelli presentati dalla Casa Ventura al palazzo della Moda*, "Lidel", maggio / May 1924

↑ Loris Riccio, *C. Ferrario*, "Lidel", gennaio / January 1924

↑ Loris Riccio, *Creazioni di Sandro Radice*, "Lidel", marzo / March 1924

→ Loris Riccio, *Cappelli della Maison Marguerite*, "Lidel", marzo / March 1924

ATTILIO
GATTI

MILANO
CORSO VITT EMANUELE, 8

(Fot. Carlo De Marchi).

34

Eau de Cologne AUX FLEURS D'ITALIE

La Grande Marca Italiana

PROFUMO SIGNORILE, FRESCO, PERSISTENTISSIMO, DI FRAGRANZA UNICA

MILANO   *Serpa*   Stabilimento a
LISSONE

"...... E noi, con questa meravigliosa produzione in casa nostra, ci ostiniamo a comperare profumi esteri!... Ma sappiamo apprezzare una buona volta questa roba, che è nostra, che è migliore di tutta quella che ci vien di fuori, e diamole le nostre preferenze, sempre, senza esitazione, e con orgoglio..."

casa nostra, ci ostiniamo a comperare profumi esteri!... Ma sappiamo apprezzare una buona volta questa roba, che è nostra, che è migliore di tutta quella che ci vien da fuori, e diamole le nostre preferenze, sempre, senza esitazione, e con orgoglio...".

Completamente italiana è poi la moda proposta sulle pagine di una rivista raffinatissima nata nell'aprile 1925, costosa (dieci lire), ancor più curata dal punto di vista della grafica, con stupende tavole a colori e copertine firmate da Giorgio Federico Dabovich, Francesco Dal Pozzo, Marcello Nizzoli, Giuseppe Palanti, Loris Riccio, Sto, o un esordiente Boccasile che ancora si firma Gi.Bi. o Giby, che presta il suo contributo alla rivista (fino al gennaio 1928), come illustratore, con disegni e scenette dedicate ad abitudini e a nuove tendenze di costume, e come figurinista, presentando i modelli delle case di moda più esclusive, francesi e, soprattutto, italiane; incarnano pienamente lo spirito del giornale le sue figurine sottili, con i capelli corti e l'espressione altera, che poco hanno a che fare con le future signorine "Grandi Firme"[21]. "Fantasie d'Italia" è il titolo della rivista, ideato da D'Annunzio (nel 1932 si trasformerà in "Domina"), Arnaldo Fraccaroli il

primo direttore (gli succederà la De Liguoro), scrittore e giornalista autore di racconti, romanzi e testi teatrali umoristici, dal 1909 inviato speciale, in giro per il mondo, del "Corriere della Sera". Una pubblicazione ambiziosa, insomma, che si occupa di arte, teatro, moda, letteratura, sport e mondanità, e che soprattutto "è italianissima" – si legge nel fascicolo speciale del Natale 1925 - Capodanno 1926 – "di spirito, d'arte, di ideazione, di realizzazione. È originalissima: gli altri cercano di imitarci, e riescono appena a copiarci, quando vi riescono. Si occupa di tutto ciò che è bello, buono, utile"[22].

Organo ufficiale della Federazione Nazionale Fascista dell'Industria dell'Abbigliamento, come "Lidel", o come "Sovrana" ("Rivista mensile di vita scelta" recita il sottotitolo), stampata dall'Istituto Nazionale per la propaganda industriale e commerciale, "Fantasie d'Italia" persegue l'obiettivo di emancipare la moda italiana dal predominio francese, anche se la rivista contiene una rubrica di "cronache parigine" e, per esempio, le novità nostrane e d'oltralpe dell'inverno 1927 sfileranno insieme all'Hotel Excelsior del Lido di Venezia, in un evento mondano organizzato proprio da "Fantasie d'Italia" e dal mensile parigino "Foemina"[23]. Con analoga incongruenza, sarà naturalmente italiano l'abito indossato da Edda Mussolini nel giorno delle nozze con il bel Galeazzo Ciano, il 24 aprile 1930 – alla caviglia, semplicissimo, con un breve strascico – ma ispirato a un modello di Chanel[24].

Vale la pena di scorrere alcuni articoli e alcune illustrazioni di corredo, per rendersi conto della qualità e della ricerca compiuta in questi anni dalle case di moda e dalle ditte italiane, e insieme della eleganza e della raffinatezza raggiunte dalla grafica di moda del periodo.

Ecco quindi gli scialli, i kimono o i pigiama[25] della ditta Carlo Piatti di Monza, ideati e disegnati da Marcello Nizzoli e da lui stesso tradotti in illustrazioni dal forte impatto grafico, in linea con la tendenza del periodo che nei manifesti vede abbandonata qualsiasi connotazione ambientale e descrittiva per dare pieno spazio al soggetto della réclame, secondo la teoria, espressa dal grande Leonetto Cappiello, del "personaggio-idea", o, come recitava il titolo della rivista pubblicata dalla casa pubblicitaria Maga di Bologna, del "pugno nell'occhio". Gli Scialli Piatti – esem-

plari pregiatissimi ricamati a mano – divengono segnale distintivo di classe quando ne viene fatto omaggio, nell'aprile 1926, perfino alla regina d'Inghilterra. Così come ci appaiono elegantissimi e superbamente resi in grafica, i modelli delle case Moro, Dragoni, Cicogna, Carlo Ferrario, Zulli, Bigi, Pagani Tizzoni, e ancora Gina Concialini, Finzi, Forti, Giudici, Lucchini, Candiani, disegnati da Dabovich (spesso, come altri illustratori, lui stesso ideatore di figurini originali), Boccasile, Somalvico (che disegna nel 1926 un elegantissimo modello di Marta Palmer, madre della futura celebre sarta Kiki, che creerà abiti per le tante donne che D'Annunzio ospitava al Vittoriale), Gruau, Santambrogio, Paola Bologna, Max Ninon (pseudonimo di Vittorio Accornero, poi magnifico illustratore di libri per ragazzi), Dal Pozzo, che propone per esempio nel numero di dicembre 1925, con esiti di sofisticato astrattismo, "alcune sue creazioni originali di stoffe, nelle quali ha voluto accostarsi alle espressioni più significative della modernità, sia per i seducenti aspetti cromatici, che per la fusione e combinazione di linee"[26]. Case di moda totalmente italiane quindi, ampiamente pubblicizzate insieme alle migliori ditte di stoffe e seterie di Como: Daghetta, Stucchi, Velca, Guido Ravasi, Luigi Taroni, Lucchini, Braghenti, che organizzano convegni e conferenze (come quella tenuta dallo stesso Fraccaroli nel Casino Sociale di Como nel febbraio 1926[27]) per far conoscere i loro prodotti.

Se si discute con gran serietà su quali siano le "appropriate eleganze" per una vacanza al mare, in montagna o per una crociera[28]; se Fraccaroli in un frizzante racconto fa dire alla sua protagonista: "La moda è una ragione di vita [...] il vero grande segreto del continuo mutar della moda è [...] la giovinezza, il desiderio di essere sempre giovani [...] tutto ciò che riguarda la moda femminile è molto nobile e serio [...] perché la moda è l'espressione di un continuo anelito alla perfezione, a una bellezza maggiore"[29]; o se sulle pagine delle riviste più eleganti si legge che anche la biancheria deve essere "d'arte", non tutti possono permettersi il lusso dell'alta sartoria. Aumentano così, concentrati soprattutto nelle grandi città, i punti di confezione e produzione di abiti di medio – mai bassissimo – prezzo; oltre alla Rinascente, fondata nel 1917, nel 1919 nasceva la UPIM (Unico

← *Profumi Bertelli*, "Lidel",
dicembre / December 1923

→ GiBy (Gino Boccasile),
*Nostalgie? Velluti della Casa
Edoardo Gobbi – Como*,
"Fantasie d'Italia", febbraio /
February 1926

↓ Alberto Martini, *Ritratto di /
Portrait of Wally Toscanini*,
1925, collezione privata /
private collection

↑ Umberto Brunelleschi, *Ritratto della contessa* / *Portrait of the Countess* **Vera Arrivabene**, 1920, collezione privata / private collection

↑   Cornelio Gerenzani, *Ritratto di signora /*
Portrait of a Lady, circa 1925, Genova /
Genoa, Wolfsoniana

↑   Amedeo Bocchi, *Bianca in abito da sera /*
Bianca in Evening Dress, 1924, Parma,
Museo Amedeo Bocchi - Fondazione
Monte di Parma

← *Un disegno di Marcello Nizzoli per gli "Scialli Piatti"*, "Fantasie d'Italia", dicembre / December 1925 - Capodanno / New Year's Eve 1926

→ Marcello Nizzoli, *Scialli Piatti*, "Fantasie d'Italia", dicembre / December 1925 - Capodanno / New Year's Eve 1926

↓ Marcello Nizzoli, *Un modello di kimono Piatti*, "Fantasie d'Italia", febbraio / February 1926

↓ Marcello Nizzoli, *L'ultimo modello di Pijama della casa Carlo Piatti*, "Fantasie d'Italia", aprile / April 1926

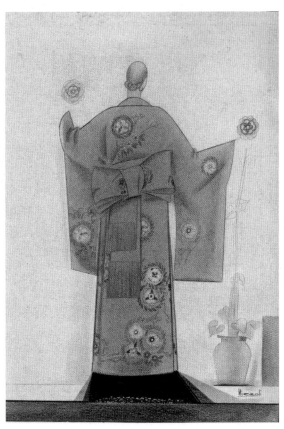

PIJAMA PIATTI

Il pigiama è l'abito da casa ideale della donna moderna, comodo, pratico, disobbligante con esso la signora acquista in disinvoltura e non perde nulla della sua seduzione.

Scialle e kimono "Piatti", su disegni di Marcello Nizzoli.

Prezzo Italiano Milano) e nel 1931 la Standard (Standa dal 1937). L'idea dominante è quella di vestire bene, a prezzi modici, la donna italiana, o meglio ancora di fornirle, proprio attraverso i manifesti pubblicitari, le vetrine, i cataloghi o le pagine dei rotocalchi modelli – per abiti e accessori – facilmente realizzabili con poco. Rispondono a questa necessità di "democratizzazione" della moda – ampliare il più possibile il pubblico degli acquirenti – anche iniziative come quella della Rinascente, che affida la sua strategia di vendite a Luigi Casoni Dalmonte, inventore nel 1919 del primo concorso pubblicitario della storia italiana, per il dentifricio Kalikor ("a dir le mie virtù basta un sorriso"), e fondatore a Milano nel 1922 della Agenzia ACME-Dalmonte[30]. In alcuni piccoli centri limitrofi alle grandi città Dalmonte pensò dunque di offrire viaggi gratis al più vicino punto vendita della catena[31]: il negozio e l'acquisto entravano dunque a far parte della modernità metropolitana, come dimostrano del resto i numerosi film degli anni trenta, sia americani che italiani, che vedono le catene di abbigliamento come luogo catalizzatore di esperienze umane e amorose.

È così ne *I grandi magazzini* di Mario Camerini, musiche di D'Anzi, Cicognini e Bixio, con le raffinate scenografie di Guido Fiorini (ingegnere e architetto razionalista e tardo futuri-

sta), grande successo cinematografico del 1939. Nei sette piani dei Grandi Magazzini si consumano un vile tentativo di furto ai danni della ditta e soprattutto la schermaglia amorosa tra Assia Noris (Lauretta, biondina di carattere, anzi "una bionda sorridente" che "ti conquisterà", come recita il motivetto che accompagna il film), che lavora nel reparto sportivo, e Vittorio De Sica. Intorno a loro la frenetica preparazione dei pacchetti per le vendite per corrispondenza, gli straordinari, che fanno sognare alle commesse l'acquisto di un tailleur, ribassi e sconti. Legata al film, usciva l'omonima canzone di Gilberto Mazzi ("vo' nei Grandi Magazzini per cercare la felicità..."), inno alla commessa carina, onesta, di buon gusto che alla fine conquista, meglio e soprattutto per sempre, più di qualsiasi *femme fatale*, il cuore del bravo ragazzo di turno.

Marianna in pantaloni: gli abiti e il corpo negli anni trenta

Come come non sapete
in che mondo mai vivete
non sentite gli strilloni
le ultimissime gridar.
Sembra pare che Marianna

stanca ormai della campagna
or si compri i pantaloni per andarsene a sciar.

Così, nel 1938, accompagnate dall'orchestra di Pippo Barzizza, intonavano ai microfoni dell'Eiar, nel loro stile deliziosamente swing (e che oggi rivive nelle irresistibili rievocazioni canore e teatrali delle Sorelle Marinetti), Alexandrina, Judik, Catharina Leschan, allora note e amate dai radioascoltatori di tutta Italia come Trio Lescano.

Le parole di *Ultimissime*, di Franco Ansaldo, e la musica stessa, frizzante, con evidenti echi jazz, sono una garbata presa in giro di quell'immagine femminile conservatrice e sostanzialmente contadina, che, nonostante le diverse e spesso contraddittorie indicazioni del regime, già agli inizi degli anni trenta sembrava ormai dovesse cambiare radicalmente. "La Marianna la va in campagna", recitava una popolare canzone allora in gran voga, e certo il fascismo aveva sostenuto l'immagine di una donna matrona, il cui ruolo di madre e sposa avrebbe dovuto esaurire, nell'esclusivo ambito delle mura domestiche, ogni aspirazione esistenziale.

La disinibita Marianna del Trio Lescano, invece, non solo si è stufata della campagna, ma indossa i pantaloni – un capo d'abbigliamento lanciato con scandalo nel periodo di massima

← Marcello Nizzoli, *Pijama Piatti*, "Fantasie d'Italia", luglio / July 1926

← *Scialli e kimono "Piatti", su disegni di Marcello Nizzoli*, "Fantasie d'Italia", agosto / August 1926

← *Lo scialle Piatti offerto a S.M La regina d'Inghilterra, finissima, squisita, composizione originale del pittore Marcello Nizzoli*, "Fantasie d'Italia", maggio / May 1926

↗ Giorgio Federico Dabovich, *Casa Moro. Abito in georgette fraise*, "Fantasie d'Italia", dicembre / December 1925 - Capodanno / New Year's Eve 1926

↗ GiBy (Gino Boccasile), *Gran Sport: a sinistra, paletot poulain marron; a destra, paletot in kalb naturale*, "Fantasie d'Italia", dicembre / December 1926

→ Giorgio Federico Dabovich, *Quattro modelli della Casa Dragoni*, "Fantasie d'Italia", Natale / Christmas 1926

→ Giorgio Federico Dabovich, *Casa Moro. Modello "Cobra" in tessuto fantasia e ricamo zaffiri. Tessuto della casa Ravasi*, "Fantasie d'Italia", febbraio / February 926

→ GiBy (Gino
Boccasile),
*A sinistra, mantello
in ermellino con
bordi e disegni a
spirale in lontra
sealskin doré.
A destra, pelliccia in
lontra sealskin doré
con manicotto.
Creazione della casa
Cicogna,* "Fantasie
d'Italia", dicembre
/ December 1925 -
Capodanno / New
Year's Eve 1926

← GiBy (Gino
Boccasile), *Modelli
della Maison
Dragoni,* "Fantasie
d'Italia", dicembre /
December 1925 -
Capodanno / New
Year's Eve 1926

↑ Francesco Dal Pozzo, *C. Ferrario. Abiti Mantelli Pellicce*, "Fantasie d'Italia", Natale / Christmas 1925 - Capodanno / New Year's Eve 1926

↑ GiBy (Gino Boccasile), *Zulli*, "Fantasie d'Italia", dicembre / December 1925 - Capodanno / New Year's Eve 1926

→ *Due creazioni della casa Pagani Tizzoni. A sinistra, costume in fiori di pesco e pizzo argento e strasse; acconciatura in pastello rosa; calzature Ronchi. A destra, abito in paillettes e jais argento; mantello in velluto bleu con renard bianco; acconciatura in pastello bleu*, "Fantasie d'Italia", marzo / March 1926

↑   Emma Calderini, *Casa Luigi Bigi. Abito da sera in velluto panne bianco con ricami in strasse. Scarpe in lamé argento, del Calzaturificio Ugo Reina & C. di Parabiago,* "Fantasie d'Italia", marzo / March 1926

↑   Giorgio Federico Dabovich, *Casa Bigi. Robe manteau in reps, envers satin bois de rose,* "Fantasie d'Italia", aprile / April 1926

↑   Giorgio Federico Dabovich, *Casa Bigi. Mantello da sera in broccato oro. Tessuto della Casa Ravasi,* "Fantasie d'Italia", febbraio / February 1926

GiBy (Gino Boccasile), *Due Creazioni della Casa Pagani Tizzoni*, "Fantasie d'Italia", febbraio / February 1926

→   Giorgio Federico Dabovich, *Casa Bigi,* "Fantasie d'Italia", dicembre / December 1926

Somalvico, *La Walkiria.*
Creazione di Marta
Palmer, "Fantasie
d'Italia", febbraio /
February 1926

→ *I Cappelli.... Ecco, in questa pagina, cinque creazioni originali dovute ai nostri collaboratori* (disegni di / drawings by Dabovich, Dal Pozzo, Santambrogio, Ester Sormani, Vellani Marchi), "Fantasie d'Italia", giugno / June 1926

→ Santambrogio, *1896, 1906, 1926....*, "Fantasie d'Italia", luglio / July 1926

↓ Francesco Dal Pozzo, *La vetrina della moda*, "Fantasie d'Italia", luglio / July 1926

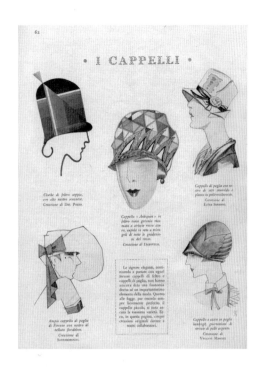

Giorgio Federico
Dabovich,
*Composizione.
Abito da
pomeriggio in
duveline viola, con
guarnizione in
pelliccia fantasia*,
"Fantasie d'Italia",
febbraio /
February 1926

Francesco Dal
Pozzo, *La linea e il
colore nelle stoffe
moderne*, "Fantasie
d'Italia", Natale /
Christmas 1925 -
Capodanno / New
Year's Eve 1926

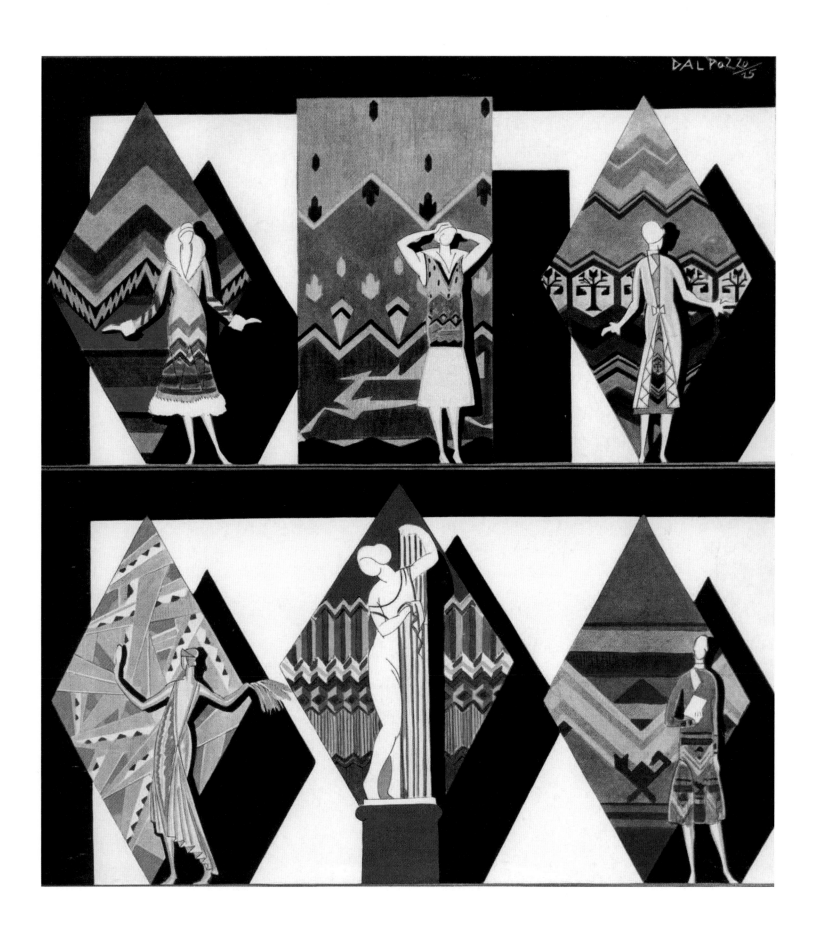

↑ *La Veste e le luci. Fabbrica di seterie Luigi Taroni Viale Varese 35 Como*, "Fantasie d'Italia", febbraio / February 1926

↑ *Tessuto della Casa Daghetta*, "Fantasie d'Italia", luglio / July 1926

↑ Piero Persicalli, *Fabbrica italiana velluti e peluches "Velca" Como*, "Fantasie d'Italia", settembre / September 1926

→ Max Ninon (Vittorio Accornero), illustrazione per / illustration for A. Fraccaroli, *Il decalogo del perfetto villeggiante*, "Fantasie d'Italia", luglio / July 1926

↑ Francesco Dal Pozzo, *Braghenti e C.*, "Fantasie d'Italia", febbraio / February 1926

↑ Santambrogio, copertina di / cover of "Fantasie d'Italia", febbraio / February 1926

desire for independence, including for the movements of her body. She even wore them to go skiing, no less, a sport that Italians were just discovering in those years, surely one of the most fashionable and exclusive. The lyrics go on to describe poor Marianna, who "slips" and "tumbles upside-down in the snow" amidst the laughter of the other skiers. All caught up in her ski outfit, her legs provocatively in the air, she seems like a mirror image of a young woman in a print by Dudovich or on a cover by Gino Boccasile for *Le Grandi Firme*, a magazine that first came out in January 1938. Skiing was in fact becoming increasingly accessible to all, thanks to "snow trains" and the discounts that allowed even a salesgirl from the film *I grandi magazzini* to spend a welcome vacation at the Grand Hotel – a brief taste, or actually a cheap illusion, of high society and the good life.

All in all, the tune sung by the Lescano sisters is less naïve than it seems, and its message is quite clear. Besides, given that the differentiation of roles was a key motif of fascist ideology, it is no surprise that these years saw endless debates, in Italy and throughout Europe, about fashion, beauty and clothing as a sign – or not – of female emancipation.[32]

During the fascist period, every manifestation of xenophilia was abhorred. So beginning in the late 1920s, intellectuals, advertisers, and strict office managers – concerned about the influence of foreign models, which still asserted their presence through cinema and the press – sought to contain this phenomenon of the flapper, the *garçonne*, the ultra-slim girl, the "crisis woman" as she was called, the jaunty, independent woman of the illustrations in the magazines and *affiches* of the period. In fact, the task of promulgating new fashions and models of behaviour was entrusted specifically to the press with all its imagery and to the radio.

Basically, Fascism and Catholicism promoted a traditionalist vision of woman and her conduct, in opposition to the choices of younger women, who were moving in a totally different direction. It was difficult to renounce the autonomy conquered over the previous two decades. Both men and women had virtually accepted a new sort of "urbane" femininity, which included work (secretaries, stenographers, salesgirls, nurses and milliners are the typical roles for women in films and novels of the time), but also leisure time, cinema, magazines, fashion, cosmetics, day trips to the beach, sport and vacations.

In this context, practical, casual attire was both a necessity and a sign of modernity, as Madeleine Vionnet and Coco Chanel had realized in France. In fact, between 1930 and 1931, when the caprices of fashion – and the gravity of the moment – abruptly brought back the long, sober skirt, partly serious, partly facetious howls of protest were raised on the pages of the women's

← Loris Riccio, *Lucchesi & Garbin Biancheria d'arte*, "Lidel", maggio / May 1924

← Copertina di / Cover of "La Scena Illustrata",1-15 giugno / June 1930

incandescenza futurista –, ovvio segnale di desiderio di autonomia e indipendenza, anche nei movimenti del corpo; li indossa poi per andare a sciare che, tra gli sport che proprio in quegli anni gli italiani cominciano a scoprire, è inizialmente il più esclusivo e mondano.

La canzonetta prosegue con la povera Marianna che "scivola" e tra le risate "nella neve capitombola"; e qui sembra quasi di vederla la fanciulla, tutta fasciata nella sua tenuta da sci, provocantemente gambe all'aria, come in una tavola di Dudovich o in una copertina di Gino Boccasile per la rivista "Le Grandi Firme", uscita proprio nel gennaio 1938. Lo sci diventa pian piano un divertimento sempre più alla portata di tutti, grazie anche ai "treni della neve" e alle riduzioni che permettono per esempio anche a una delle commesse del film *I grandi magazzini*, di partire per una breve vacanza, con soggiorno al Grand Hotel; una parentesi, o meglio un'illusione a poco prezzo, di bella vita e mondanità. Insomma, il motivetto cantato dalle sorelle Lescano è forse meno ingenuo di come appare, e il suo messaggio è molto chiaro. Del resto, se la distinzione dei ruoli è un motivo cardine dell'ideologia fascista, non stupisce che in questi anni siano molto diffusi – in Italia e in tutta Europa – i dibattiti sulla moda, sulla bellezza e sull'abbigliamento come segnale, o meno, di emancipazione femminile[32].

Durante il fascismo è esecrata qualsiasi forma di esterofilia e, preoccupati dell'influenza dei modelli stranieri, comunque serpeggianti attraverso il cinema e la stampa, intellettuali, pubblicisti o severi direttori d'ufficio già dalla fine degli anni venti si preoccupano di arginare il fenomeno della *flapper*, della *garçonne*, della ragazza magrissima – la "donna crisi" come era stata soprannominata –, sbarazzina e indipendente, protagonista delle illustrazioni dei rotocalchi e delle *affiches* dell'epoca. Anzi, è affidato proprio alla stampa, all'immagine grafica da una parte, alla radio dall'altra, il compito di diffondere nuovi modelli di comportamento e nuove mode.

Fascismo ed educazione cattolica spingono dunque a una visione tradizionalista della donna e dei suoi comportamenti, contrastando le preferenze delle generazioni più giovani, che vanno in tutt'altra direzione. Difficile rinunciare a quell'autonomia conquistata nei due decenni precedenti; sia la donna sia l'uomo si sono ormai quasi abituati a una sorta di nuova femminilità "urbana", fatta di lavoro (segretarie, dattilografe, commesse, infermiere, modiste sono gli impieghi tipici dei film e dei romanzi dell'epoca), ma anche di svaghi, cinema, lettura di riviste, moda, cosmetici, gite al mare, sport e vacanze. Un abbigliamento pratico e disinvolto è sia un'esigenza che un se-

gnale di modernità, come hanno captato in Francia Madeleine Vionnet e Coco Chanel. Quando per i capricci della moda – e per la gravità del momento – tornano improvvisamente tra il 1930 e il 1931 le gonne lunghe, sobrie, senza fronzoli, si levano sulle riviste femminili, tra il serio e il faceto, numerose grida di protesta. Si legge sulla "Scena Illustrata" del novembre 1931: "La gonna lunga e svolazzante ha apportato, tra le altre, le seguenti conseguenze indiscutibili: 1. Aumento delle pulci [...]. 2. La donna, con la gonna lunga, ha dovuto assumere per necessità d'intonazione un'aria baldanzosa di sussiego, di scipita alterigia [...] che le hanno tolto la primitiva spigliatezza, l'agilità, la grazia birichina , la semplicità che ad essa conferiva la gonna corta, e che erano più consone progresso dei tempi [...] 3. Come le gonne corte erano super corte, così ora le gonne lunghe sono arcilunghe, tanto da coprire interamente i piedi. 4. La gonna lunga, che dovrebbe essere usata solo per visita, nel pomeriggio o di sera nei ricevimenti, da persone che possono disporre o servirsi di un'automobile, si è generalizzata, come sempre avviene in ogni moda nuova, in tutti i ceti, cosicché assistiamo anche di mattina, o in piena canicola meridiana nei tram o negli autobus, a uno spettacolo di... eleganze poco edificanti, e che desta più curiosità che ammirazione, se

→ *Sciatrici*, "La Scena Illustrata",
1-15 gennaio / January 1932

→ Marcello Dudovich, *La Rinascente*,
1926

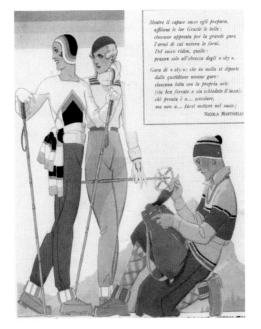

magazines. An article in the November 1931 issue of *La Scena Illustrata* read, "The long skirt has brought, among other things, the following undeniable consequences: 1. An increase in fleas [...]. 2. Women, wearing long skirts, have been forced to give themselves an air of bold haughtiness, of vapid arrogance [...] that has deprived them of the primitive ease, agility, mischievous grace and simplicity offered them by the short skirt, which were more in keeping with the progress of the times [...] 3. Just as the short skirts were super-short, so now the long skirts are ultra-long, covering the woman's feet entirely. 4. The long skirt, which was only intended to be used for afternoon visits or evening receptions by people who have or can muster up an automobile, has spread everywhere, as always happens with every new fashion, among all walks of life, so that even in the morning, or in the full midday heat on trams or busses, we see a spectacle of .... not very edifying elegance that arouses more curiosity than admiration, that is, if it does not provoke outright laughter when the skirt is ripped to shreds. 5. Desperation of fathers, or of husbands, who, instead of paying for 2 or 3 meters of fabric, now have to pay for 8 or more. 6. Greater morbid curiosity on the part of the spying eyes of the impertinent and the impenitent [...] 7. A standstill in the hosiery industry [...] 8. The rehabilitation, though pitiful, of bandy legs and tree-trunk ankles [...]."[33]

Fascism went so far as to launch full-fledged campaigns against being slim; the "crisis woman" was simply not supplying enough children to the Nation. Beginning in 1932, for example, in *Lidel* (which now carried the subtitle "Rivista Italiana") appear photographs and fashion plates of buxom women bursting with health, instead of the diaphanous creatures drawn by Loris Riccio or Vera in the 1920s. At the same time, the frail, willowy women in Dudovich's posters for Rinascente became increasingly suntanned and muscular, capable of climbing mountains or enduring days of sun and sea on a boat, dressed in a simple blouse and shorts or little dresses that hid none of the robustness of their youthful, healthy bodies. Films of the time, too, were crammed with models of full, healthy, "demographic" femininity.

Given the need to impose the model of the vigorous, procreative woman, with no strange ideas except family and the home running around in her head, it is not surprising that *Le Grandi Firme*, headed first by Dino Segre, known as Pitigrilli (fortnightly publication from July 1924 to April 1937), then by Pitigrilli and Cesare Zavattini (weekly publication from April 1937 to October 1938), was suppressed by the government "for the exuberance and relative open-mindedness of its subject matter, and perhaps also out of envy of its success," as

the renowned publicist Dino Villani wrote. The magazine was distinguished by the unmistakable touch of Gino Boccasile, who began as a subtle illustrator and went on to become the perfect interpreter of that "exuberance" and "open-mindedness" in his voluptuous, resourceful, perky yet tender female figures winking from the covers (the same women that were often found in Boccasile's work as a poster artist), so far from the fascist stereotype of housewife-mother.[34]

This was a model to which an entire generation of Italians had aspired and which had become a genuine cultural phenomenon. "An original little type, seductive, charming [...] Signorina Grandi Firme, with your twentieth-century style, you have unsettled the hearts of all," sang the Lescano sisters in 1938 in *Signorina Grandi Firme,* written by Alfredo Bracchi and Giovanni D'Anzi. This "unsettling" was dangerous and needed to be kept under control. Thus when *Il Milione* came out (from October 1938 to July 1939), a new publication directed by Zavattini, with illustrations by Boccasile and a similar but opportunely watered-down style, the "signorina" of the cover, Virginia, looked much less daring this time. Even more importantly, she enjoyed the reassuring presence of a respectable boyfriend, the handsome – and generally insignificant – Paolo.[35]

Gino Boccasile,
copertina di / cover
of "Le Grandi Firme",
6 gennaio / January
1938

→ Gino Boccasile,
copertina di / cover of
"Le Grandi Firme",
3 febbraio / February
1938

← *Cuffiette per la sera*, "Lidel",
dicembre / December 1929

→ *Abiti per la montagna*, "Lidel",
agosto / August 1930

64

National ideas and "supernatural" fabrics: Fashion and autarchy during the fascist period

L'italiana si abbiglierà da sè was the title of an article published in one of the most beautiful magazines of the *Ventennio. Aria d'Italia*, directed by Daria Guarnati and printed by Pizzi e Pizio beginning in December 1939 in Milan, was particularly exacting about the quality of the printing and their choice of contributors and articles. The article reads: "Just as Italy must necessarily regain the upper hand in the sphere of the arts, it can do the same in the sphere of fashion [...] Let us not forget that one of the first dresses made with a print fabric is worn, with utter grace and ease, by that grand self-assured *Signora* in Botticelli's *Spring*. When speaking of elegance, let us always keep in mind certain women painted by Raphael, Bronzino, Moretto, and Titian. The Italian woman should not blush, as she once would, for not ordering her wedding trousseau from Paris. There are Italian houses that have conceived original, light, beautiful, indeed perfect lingerie. She should be proud to be dressed in exclusively Italian items. The fabrics from here, natural – or supernatural – silk, a solid colour or printed, fabrics obtained with a wide variety of all-Italian fibers, have conquered or will conquer markets everywhere. Back in the times of the beautiful Eugenia or the Countess Castiglione, the straw hats from Florence had already invaded milliner's shops all over Europe. Gloves are from Genoa or Naples by definition [...] who launched shoes with a full heel? Or sandals with a thick sole? Italians, once again Italians.

How many times has that great Paris house copied dresses from the paintings of Longhi, or fabrics from Italian portraits of the 1500s? It may be for the same house, or another equally important one, that this summer, with the pretext of going to the Lido, the shrewd, tireless proprietor wandered from one bead workshop to another to fix buttons, belts and trimmings of all kinds in the hopes of making her famous collection more beautiful [...] the ideas were stolen and it was obvious even then what everyone would be wearing the next season. But now Italian fashion is more than enough for the Italian woman. And when something is good enough for an entire nation, it must be a superior export item [...]: the gamma of Italian colours should be colours born under the Italian sky [...]."[36]

As the pressure of political events grew, the struggle to affirm a national fashion developed into an out-and-out battle.[37] On 3 October 1935, inspired by the mirage of Empire, Italy commenced its invasion and bombing of Ethiopia. Consequently, the country was subject to strict economic sanctions, proposed by England and approved by the League of Nations. Mussolini responded in turn by pushing through his plan for autarchy; "choose the national product" became an imperative hammered home on walls and in magazines and newspapers,[38] directed at consumers and producers alike.

"Autarchy Weeks" were organized, during which shop windows displayed little-known national products, or contests were held, such as the one

PRIMI APPROCCI

← *Primi approcci*, "La Scena Illustrata", 1-15 luglio / July 1930

→ "La Scena Illustrata", 1-15 gennaio / January 1932

← *Il ritorno delle gonne lunghe*, "La Scena Illustrata", 1-15 agosto / August 1930

← *Riflessioni sulla gonna lunga*, "La Scena Illustrata", 1-15 novembre / November 1930

← *Fabbrica di Rayon*, 1926

non provoca del tutto il riso in caso di lacerazione delle gonne brandelliformi. 5. Disperazione dei papà, o dei mariti che, invece di pagare per 2 o 3 metri di stoffa, devono ora pagare per 8 o più metri. 6. Maggior curiosità morbosa da parte degli occhi scrutatori degli impertinenti e degli impenitenti [...]. 7. Una stasi nell'industria della calza [...]. 8. Riabilitazione sia pure pietosa delle gambe storte e delle caviglie tronco-d'albero [...]"[33].

Il fascismo arriverà a bandire vere e proprie campagne anti-magrezza; la "donna crisi" non riesce a dare figli alla Patria e dal 1932, per esempio, su "Lidel" – che reca ormai come sottotitolo "Rivista Italiana" – compaiono, al posto della diafane creature tratteggiate negli anni venti da Loris Riccio o da Vera, fotografie e figurini di modelle formose dall'aria più che sana. Allo stesso modo, da esili e flessuose, le modelle dei manifesti di Dudovich per la Rinascente diventeranno via via abbronzate e muscolose, capaci di scalare montagne o affrontare giornate di mare e sole in barca, vestite in modo essenziale: maglietta, pantaloncini o abitini che nulla nascondono della robustezza di corpi giovani e sani. Anche il cinema, in contemporanea, propone ovunque modelli di femminilità piena, sana e "demografica".

Se si deve imporre il modello della donna vigorosa, procreatrice, con pochi grilli per la testa oltre la famiglia e la casa, non è un caso

che il periodico "Le Grandi Firme", diretto prima da Dino Segre, in arte Pitigrilli (a uscita quindicinale dal luglio 1924 all'aprile 1937), poi dallo stesso Pitigrilli e Cesare Zavattini (con uscita settimanale dall'aprile 1937 all'ottobre 1938), venisse soppresso dal governo "per l'esuberanza e relativa spregiudicatezza dei suoi argomenti, e forse anche per invidia del suo successo", come scriverà il celebre pubblicitario Dino Villani. La rivista era contraddistinta dal tratto inconfondibile di Gino Boccasile, che da illustratore dal segno sottile è divenuto interprete perfetto di quella esuberanza e quella spregiudicatezza nelle sue voluttuose, intraprendenti, briose ma in fondo tenere figure femminili ammiccanti dalle copertine (le stesse che si ritrovano spesso nel Boccasile cartellonista), ben lontane dallo stereotipo fascista di moglie-madre-massaia[34]. Un modello sul quale aveva sognato un'intera generazione di italiani, e che era divenuto vero e proprio fenomeno di costume: "Un tipino originale, seducente, ammaliator [...] Signorina Grandi Firme col tuo stile Novecento hai portato turbamento in ogni cuor", cantavano nel 1938 le sorelle Lescano, nella *Signorina Grandi Firme* scritta da Alfredo Bracchi e Giovanni D'Anzi. Un "turbamento" appunto pericoloso e da tenere sotto controllo. Una nuova testata, "Il Milione", con Zavattini direttore, uscì dall'ottobre 1938 al luglio 1939, con Boccasile illu-

stratore e uno stile simile ma opportunamente edulcorato: la "signorina" protagonista delle copertine, Virginia, questa volta appariva ben meno audace, e soprattutto godeva della rassicurante presenza di un fidanzato per bene, il bello – e abbastanza insignificante – Paolo[35].

Idee nazionali e tessuti "soprannaturali": moda e autarchia durante il fascismo

L'italiana si abbiglierà da sé è il titolo di un articolo pubblicato su una delle più belle riviste del Ventennio, accuratissima nella qualità della stampa e raffinata nella scelta dei collaboratori e degli articoli, "Aria d'Italia", edita da Daria Guarnati a Milano, e stampata della Pizzi e Pizio, a partire dal dicembre 1939.

"Così come l'Italia deve riprendere per forza di cose il sopravvento nelle sfere artistiche, potrà prenderlo anche nel campo della moda [...]. Ricordiamoci che uno dei primi vestiti in tessuto stampato lo porta, con grazia e disinvoltura, sicura di sé, quella gran Signora che è la Primavera di Botticelli. Teniamo sempre presenti, quando si parla di eleganza, alcune modelle di Raffaello, del Bronzino, del Moretto, del Tiziano. La donna italiana non deve, come una volta, arrossire di non aver potuto far venire il suo corredo da Parigi. Certe case italiane immaginano capi di biancheria originali, leggeri,

→ *Ritorna di moda l'ombrellino*, "La Scena Illustrata", 1-15 settembre / September 1931

bellissimi, perfetti. Deve sentirsi fiera di essere vestita da cose esclusivamente italiane. I tessuti di qui, seta naturale – o soprannaturale – unita o stampata, stoffe ottenute con ogni specie di fibre specie esclusivamente italiane, hanno conquistato o conquisteranno tutti i mercati. Già ai tempi della bella Eugenia o della contessa Castiglione, il cappello di paglia di Firenze aveva invaso le modisterie d'Europa. I guanti sono genovesi o napoletani per definizione. [...] chi ha lanciato le scarpe col tacco pieno? Chi i sandali dalla suola spessa? Italiani, ancora italiani. Quante volte quella grande casa di Parigi ha copiato vestiti dai quadri di Longhi, stoffe dai ritratti italiani del '500? Forse è per la stessa o per un'altra casa della stessa importanza che d'estate, col pretesto del Lido, una energica ed avveduta proprietaria peregrinava per le botteghe di conterie per comprare bottoni, cinte, guarnizioni di ogni genere allo scopo di abbellire la sua famosa collezione [...] le idee venivano rubate e si sapeva già ciò che si sarebbe portato nella stagione seguente. Ora la moda italiana basta alla donna italiana. E quando una cosa basta per un intero paese, deve essere ottima per l'esportazione [...]: la carta dei colori italiani deve portare colori nati sotto il cielo d'Italia [...]"[36].

Con l'incalzare dei fatti politici, anche quella combattuta per l'affermazione della moda nazionale, diventa una battaglia[37]. Il 3 ottobre 1935 l'Italia, nel miraggio dell'Impero, dà inizio all'invasione e ai bombardamenti dell'Etiopia: su proposta dell'Inghilterra e per decisione della Società delle Nazioni, il paese viene fatto oggetto di dure sanzioni economiche. Mussolini, per tutta risposta, dà il via al programma di autarchia e "preferire il prodotto nazionale" diventa l'imperativo martellante sui muri come sulle pagine dei quotidiani e delle riviste[38], tanto per i consumatori che per i produttori. Si organizzano "settimane dell'Autarchia", durante le quali le vetrine dei negozi presentano prodotti nazionali poco noti, o si tengono concorsi, come quello "per una frase e per un cartello valorizzanti il prodotto nazionale nell'abbigliamento", bandito dalla Federazione nazionale fascista dell'abbigliamento nei primi mesi del 1936, "allo scopo di valorizzare il prodotto nazionale nel campo dell'abbigliamento, non solo in rapporto alle contingenze attuali ma per preparare altresì la difesa nell'avvenire". Il cartello, specificava il bando, poteva

dimostrare "anche in forma simbolica, come gli articoli di abbigliamento prodotti in Italia siano uguali, se non superiori, sia per bellezza come per qualità e durata, a quelli che in passato venivano importati dall'estero"[39].

Tra le parole d'ordine di questi anni, "bisogna esportare la seta": ed è così fatto obbligo ai contadini del Comasco, dopo un periodo di declino, di tornare ad allevare bachi. Allo stesso modo in Lombardia (dove nel 1937 sono 1050 le industrie cotoniere) marcia a pieno ritmo la fabbricazione del cotone; si cerca inoltre di sostenere la produzione di fibre naturali italiane, la canapa (che si tenta, con scarso successo, di utilizzare anche nell'alta moda), il lino, il fiocco di ginestra, il gelsolino, il ramie, o lo sparto libico.

"L'Autarchia voluta dal Duce – si legge ancora in un articolo del gennaio 1938 sulla rivista di pubblicità "L'Ufficio Moderno" – non è soltanto una mobilitazione di forze economiche; è la formazione di una mentalità, di un sistema di vita, di una fede e di una mistica autarchiche"; in questo programma di pensiero e di vita, "bisogna che la produzione e gli Enti collettivi provvedano a illuminare, educare e guidare il consumatore colla pubblicità"[40].

I giornali riportano e seguono fedelmente le esatte disposizioni dell'autorità in materia di pubblicità e soprattutto delle cosiddette "pubblicità collettive"[41], quelle cioè non dedicate a una marca o a una ditta ma a un prodotto generico, come riso, birra, zucchero, latte, e tra i prodotti tessili il raion, il lanital. Sono questi i prodotti migliori – per la salute del singolo come per l'economia – cui possa aspirare il consumatore italiano, responsabilizzato sul fatto che il suo benessere deve corrispondere al bene del paese. Anche il produttore e l'industriale sono oggetto di continui appelli e richiami sulla necessità di spostare la propaganda dal piano individuale a quello sociale. "La Nazione ha un preciso orientamento economico autarchico. L'azienda deve operare in funzione di questo orientamento, come strumento delle necessità che l'autarchia comanda", si legge nel gennaio 1939 su "L'Ufficio Moderno"[42].

Nell'obiettivo di "educare le folle ad una nuova coscienza collettiva", i mezzi migliori diventano così, assai "modernamente", "gli strumenti della comune pubblicità commerciale, dal manifesto alla luminosa, dall'opuscolo alla Radio"[43].

Ma sono questi anche gli anni di eventi "macropubblicitari", delle fiere, dei padiglioni, delle esposizioni, che esaltano con toni roboanti l'efficienza e il livello raggiunti dall'economia italiana; "alla volontà di realizzazione e di fede di un ventennio di vita fascista che ha portato l'Italia al primato fra tutte le nazioni del mondo" si riportano addirittura le sperimentali macchine di televisione e telescrittura presentate nel 1939 alla milanese Mostra delle invenzioni[44].

In questo clima anche il linguaggio degli articoli più strettamente legati al tema autarchico, così come quello dei manifesti e degli slogan pubblicitari, si fa più orgoglioso e retorico: nell'aprile 1936 si annuncia che la diciassettesima Fiera internazionale di Milano "si svolgerà sotto l'alto patrocinio del Partito Nazionale Fascista; prezioso patrocinio che [...] nell'anno in cui l'Italia di Mussolini è impegnata in un eroico sforzo di volontà e di potenza, chiaramente indica quale deve essere e quale sarà il risultato della imminente manifestazione: vale a dire che l'Italia, sia pure di fronte alla più inconcepibile delle coalizioni invidiose e ostili, anche economicamente non si piega, ed anzi, per la laboriosità e la genialità del suo popolo, riesce a grandeggiare su tutti gli ostacoli. [...] La compattezza dei produttori italiani è stata assoluta e particolarmente entusiastica [...] uno slancio che, al di sopra delle interessate ragioni di commerciale convenienza, palesa un senso patriottico squisito, che è come un grido di passione e di fede nei destini della patria [...]".

Le pubblicità di mobili, casalinghi, giocattoli, radio, meccanica, tessile, cinematografia, fotografia, ottica, articoli per ufficio, parlano ora un linguaggio diverso, e si fanno "luminosa documentazione della potenza economica dell'Italia fascista, di questa Italia che si assicura la più gloriosa delle vittorie con le armi e con il lavoro"[45].

Nel dicembre dello stesso 1936 Mussolini pronuncia un discorso sul Programma della moda italiana, nel quale affida all'Ente della moda, nato nel 1932 con sede a Torino, il successo della campagna per l'affermazione del tessile nazionale. L'italianità nell'alta moda, così come nell'abbigliamento della gente comune, è ormai la parola d'ordine.

Le fiere, durante le quali le ditte e gli espositori catalizzano l'attenzione del pubblico ma anche

↑   Marcello Dudovich, *Esposizione Rhodia Albene alla Rinascente*, 1936

→   Francesco Dal Pozzo, *Sniafiocco, il tessile dell'indipendenza*, "Lidel", gennaio /
      January 1935

→   Araca (Enzo Forlivesi), *"Sniafiocco". Il cotone nazionale*, 1933

for "a slogan and a poster highlighting the national product in clothing" called by the National Fascist Federation of the Clothing Industry in early 1936, "with the aim of highlighting the national product in the field of wearing apparel, not only in relation to present contingencies but also in preparation to defend it in the future." The poster, the contest rules specified, could demonstrate "even symbolically, how the articles of clothing produced in Italy are equal, if not superior, in beauty, quality and durability, to those imported from abroad in the past."[39]

Among the rallying cries of these years was "We must export silk," and those living in the countryside around Como were legally obliged to start tending elderberry trees again after years of decline. In Lombardy (where there were 1050 cotton manufacturers in 1937), the cotton mills were working at top speed, and around the country, efforts were made to encourage the production of natural Italian fibres, including hemp (its use in *haute couture* met with little success), linen, broom, ramie and esparto from Libya.

"The autarchy desired by the Duce is not only a mobilization of economic forces," reads an article in January 1938 in the advertising magazine *L'Ufficio Moderno*. "It is the formation of an autarchic mentality, system of life, faith and mystic vision." According to this agenda for thought and life, "it is necessary that manufacturers and the collective organizations take action to illuminate, educate and guide the consumer through the use of advertising."[40]

Newspapers faithfully report and follow the meticulous instructions of the authorities with regard to advertising, especially the so-called "collective advertising,"[41] that is, advertisements not for a specific brand or company but for a generic product, such as rice, beer, sugar, milk or textiles such as rayon and lanital. These were designated as the best products, for the health of the people and of the economy, that Italian consumers should aspire to, taking responsibility for the fact that their own well-being should correspond to the good of the nation. Producers and industrialists were also the targets of constant appeals and reminders of the need to shift their propaganda from an individual focus to the social one. One such appeal in *L'Ufficio Moderno*, in January 1939, read, "The Nation is resolved to move towards an autarchic economy. Business, as an instrument of the needs determined by autarchy, should operate in accordance with this direction." [42] To

achieve the objective of "educating the masses to a new collective consciousness," the best means are "the instruments of popular commercial advertising, from posters to neon signs, from brochures to Radio."[43]

But these were also the years of "macro-advertising" events, of trade fairs, pavilions, and exhibitions that bombastically exalted the efficiency and success of the Italian economy. Even the experimental devices of the television and teletyping presented in 1939 at the Exhibition of Inventions in Milan are related "to the will to accomplish and keep faith during the twenty years of fascist life that has brought Italy to be first among all the nations of the world."[44]

In this climate, the language of the items most closely associated with autarchic issues became more arrogant and rhetorical, as did that of posters and slogans. It was announced in April 1936 that the seventeenth International Fair in Milan "will be held under the patronage of the National Fascist Party; a precious patronage that [...] in the year in which Mussolini's Italy is committed to a heroic effort of will and power, clearly indicates what should be and what will be the result of the upcoming event: that is to say that, even faced with the most inconceivable of envious, hostile coalitions, Italy is not weakened economically; on the contrary, thanks to the industriousness and genius of its people, Italy succeeds in overcoming all obstacles. [...] The solidarity of Italian manufacturers has been absolute and particularly enthusiastic [...] an impulse that goes beyond self-interest of commercial convenience to reveal an exquisite sense of patriotism that is like a cry of passion and faith in the destiny of the nation [...]."

Advertisements for furniture, toys, radio, appliances, textiles, movies, photography, eyeglasses, and articles for the home and office now speak a different language; they have become "gleaming documentation of the economic power of fascist Italy, of this Italy that ensures itself the most glorious of victories with its arms and its labor."[45]

In December of the same 1936, Mussolini gave a speech about the Italian Fashion Plan, in which he entrusted the success of the campaign to promote national textiles to the Fashion Board, established in 1932 with headquarters in Turin. "Italianness", in *haute couture* as in wearing apparel for ordinary people, was now the order of the day.

The fairs, during which companies and exhibitors

catalyzed the attention of the public (but also of the authorities), became virtual laboratories of artistic experimentation. It reached the point towards the end of the 1930s that the interest of many artists and poster designers shifted from conceiving sketches to mounting pavilions, a new form of publicity and artistic architecture for which they supplied advice and norms, mostly in the interest of clarity and rationality of presentation. The fair spaces – and often the shop windows – conceived and mounted by Erberto Carboni, Marcello Nizzoli, and Marcello Dudovich,[46] often guaranteed the success of a company or the fame of an artist. In July 1939, Sepo was reviewed in *L'Ufficio Moderno*, not as a poster artist but as an "exceptional scene designer," capable, in the fashion section organized as part of the Autarchy Exhibition in Turin, of highlighting national textiles such as hemp, rayon and wool "with great simplicity and few written or graphic references."[47]

With the economic sanctions, the battle to promote Italian creativity was joined by the newer battle to increase the use of humble materials and autarchic fabrics, or "autarchic fabrics of Italian supremacy," as is written in one of the departments in *I grandi magazzini*. Clearly visible in numerous shots during the film are posters praising *albene*, or Italian textiles such as Galtrucco, Marzotto, and Lane Rossi, while the most sought-after shoes are inevitably made by Raffaello.

Not surprising then was the veritable "invasion" of *orbace*, a coarse, heavy wool from Sardinia, "the ultimate sporting, martial fabric", with which Mussolini had winter coats made for himself and his volunteer militia, the Blackshirts. Then came rayon, "the artificial silk", selenel for underwear, *albene*, *sniafiocco*, "the fabric of independence," and above all, *lanital*, "our wool," "the only artificial fabric that was created for the demands of autarchy rather than those of business,"[48] a natural fibre made from casein obtained from cow's milk, patented by an Italian chemist (Antonio Ferretti) in 1935 and launched by Snia Viscosa, which also produced rayon as of 1922 and *fiocco* as of 1931, superior artificial fibres used even in *haute couture*. The company, which had been the sole supplier of textile fabrics in Italy during the war, produced seven million kilos of this revolutionary fibre in 1937. The next year, the Women's Youth Group of Azione Cattolica initiated a contest to prove its quality and utility, sponsored by Snia Viscosa and advertised in various newspa-

delle autorità, divengono inoltre vero e proprio campo di sperimentazione artistica, tanto che verso la fine degli anni trenta l'interesse di molti artisti e cartellonisti si sposta dall'ideazione di bozzetti all'allestimento di padiglioni, una nuova forma di architettura pubblicitaria e artistica per la quale si forniscono consigli e norme, per lo più improntate a chiarezza e razionalità di presentazione. Gli spazi fieristici – così come spesso le vetrine dei negozi –, ideati e predisposti da Erberto Carboni, Marcello Nizzoli, Marcello Dudovich[46], spesso decretano il successo di una ditta e la fama di un artista: nel luglio 1939 Sepo è recensito sulle pagine dell' "Ufficio Moderno" non come cartellonista ma come "ambientatore di eccezione" capace, nella sezione dedicata alla moda organizzata in seno alla Mostra dell'Autarchia di Torino, di dare risalto, "in una grande semplicità con pochi richiami scritti o grafici", a tessuti nazionali come canapa, raion, lane[47].

Con le sanzioni economiche, alla battaglia per sostenere la creatività italiana, si aggiunge quindi quella per l'utilizzazione di materiali poveri e tessuti autarchici: anzi, "tessuti autarchici del primato italiano", come si legge in uno dei reparti del film *I grandi magazzini*, in cui, in bella vista, compaiono in varie inquadrature cartelli inneggianti all'albene, o ai tessuti italiani, come

Galtrucco, Marzotto, Lane Rossi, mentre le calze più pregiate sono, immancabilmente, le "Raffaello". Quindi ecco la vera e propria "invasione" del pesantissimo orbace sardo, "tessuto sportivo e guerriero per eccellenza", con cui Mussolini fa fare giubbe invernali per sé e per la milizia volontaria delle camicie nere; e poi rayon, "la seta artificiale", il selenal per la biancheria intima, l'albene appunto, lo sniafiocco – "il tessile dell'indipendenza" – e soprattutto il lanital, "la nostra lana", "unico tessuto artificiale che nasce per esigenze autarchiche prima che commerciali"[48], fibra naturale tratta dalla caseina ottenuta dal latte di mucca, brevetto di un chimico italiano (Antonio Ferretti) nel 1935, lanciata dalla Snia Viscosa, che produce raion dal 1922 e fiocco dal 1931, ottime fibre artificiali usate anche nell'alta moda. Nel 1937 la ditta, che durante la guerra sarà l'unica fornitrice di fibre tessili in Italia, arriverà a produrne 7 milioni di chili l'anno; per provarne le qualità e gli impieghi nel 1938 la Gioventù femminile di Azione Cattolica indice addirittura un concorso, sostenuto dalla stessa Snia Viscosa, pubblicizzato sulle pagine dei giornali[49]. Nel 1940, il futurista Filippo Tommaso Marinetti, sempre pronto a captare umori e tendenze, dedicherà il suo *Poema non umano dei tecnicismi*, edito a Milano da Mondadori, alla "esemplare italianità di-

namica autonoma creatrice della Snia Viscosa: omaggio augurio di noi aeropoeti futuristi devoti all'originalità dell'Imperiale Italia Fascista". Al suo interno, la *Poesia simultanea della luce tessuta*, dedicata a raion e fiocco, e la *Poesia simultanea di un vestito di latte* ("tutti a ridere di gioia partecipando all'ebbrezza di un filo di caseina barcolla per la sganasciante ilarità nel mutarsi in nastro..."), bizzarro omaggio all'autarchico lanital.

Nei due mesi in cui si svolge a Roma la grandiosa mostra del tessile nazionale, inaugurata da Mussolini nel novembre 1937, sfilano trenta case di alta moda italiane e, al suono delle arpe, altrettante modelle. In un tripudio di abiti da sera, completi per lo sci e pellicce – grande passione del momento, per l'inverno e addirittura per l'estate, in cincillà, talpa, scoiattolo, pecora, coniglio e agnello toscano, ma anche in visone, ermellino, volpe argentata e tigri importate dall'Africa Orientale – in veste di cronista Lucio Ridenti, attore, scrittore, critico d'arte, giornalista, collaboratore di "Grandi Firme" e "Bellezze", dichiara che la moda italiana non pretende che "di farci apparire la donna così come la desideriamo: vivace, svelta e orgogliosa della sanità del suo corpo, italiana cioè anche esteriormente"[50]. Intanto, sulle pagine delle riviste, femminili e non, dalle più raffinate alle più comuni – "L'illu-

pers.[49] In 1940, the futurist Filippo Tommaso Marinetti, always quick to sense moods and trends, dedicated his *Poema non umano dei tecnicismi*, published in Milan by Mondadori, to the "Snia Viscosa's exemplary dynamic autonomous creative Italianness: homage best wishes from we futurist airpoets devoted to the originality of Imperial Fascist Italy." The book included *Poesia simultanea della luce tessuta*, dedicated to rayon and *fiocco*, and *Poesia simultanea di un vestito di latte* ("all now laugh with joy sharing in the rapture of a thread of casein reeling from the hilarious release of being transformed into ribbon..."), bizarre homage to the autarchic *lanital*.

In the two months of the magnificent exhibition of national textiles in Rome, inaugurated by Mussolini in November 1937, thirty Italian *haute couture* houses paraded their collections to the sound of harps, showing thirty different styles. It was a virtual orgy of evening gowns, ski outfits and furs (all the rage at that time, for winter or even for summer, chinchilla, moleskin, squirrel, sheep, rabbit and lamb from Tuscany, but also mink, ermine, silver fox and tigers imported from eastern Africa). Lucio Ridenti, actor, writer, art critic, journalist, contributor to *Grandi Firme* and *Bellezze*, but in this case working as a reporter, declared that Italian fashion only sought "to make women look as

we want them to: lively, slim and proud of their bodily health, Italian, that is, even on the outside."[50]

Meanwhile, advertisements for perfume alluding to Italian conquests in Africa appear in magazines of every sort – for women or not, from the most sophisticated to the most popular, including *L'illustrazione italiana* (particularly active in the campaign for autarchic fashion), *La Donna*, *Cordelia*, *Rakam*, *Annabella*, *Grazia* (with its eye on working women, meaning white-collar workers, the magazine proposed ideas for office wear), *Moda*, and still more compliant with the directives of the regime *Dea* and *Vita femminile*. The new fragrance "La Ducale di Parma" is "Egypt, the fascination of distant lands, scent of exquisite essences"; the best colour for a homemade blouse, according to *Gioia* in the summer of 1938, is "colonial yellow." The same magazine – economical with its thin paper and mostly black-and-white images – featured columns with suggestions for creating sweaters and dresses at little cost and covers featuring girls of the various ethnic groups that had been recently incorporated into the Empire.

Beginning in 1934, the names of the great French fashion houses began to be intentionally omitted, although their creations were still advertised. In 1937, despite the fact that upper-class women continued to look to Paris for

their wardrobe, consulting *Vogue*, *Marie Claire* or *Harper's Bazaar*, their names no longer appeared at all. In 1932, Turin was named Fashion Capital of Italy by Mussolini. Three years later, Alessandro Blasetti set his *Contessa di Parma* there (Mario Soldati contributed to the screenplay). The film recounts the love affair, plagued by blunders and misunderstandings, between a football player and a mannequin (a choice far ahead of its time), the ever-so-blond, cool but loveable Elisa Cegani, featuring sophisticated outfits (from the Turin house Mary di Matté), furs (from Giuseppe Viscardi, and like the clothing, guaranteed by the National Fashion Board), collections and fashion shows. This was at the height of the autarchy movement. By now, the "Frenchified" taste and terminology of the director of *Maison Printemps*, the smartly-dressed *commendatore* Ferrani, were deemed grotesque, and the little man was brought into line by the wealthy new proprietor, an unattractive but "clear-thinking" woman, enterprising and reliably Italian-oriented. With this new management, the Paris styles are replaced by those of Milan, *Maison* becomes "Magazzini Primavera," mannequins are rechristened "indossatrici," *revers* become "risvolti," the *saison* "stagione," and styles are no longer named *aube rosé*, *prestige* or *ardeur*,

HEIM
*Una mussolina rosa
stampata a motivi ori-
ginali in nero è im-
piegata per la confe-
zione di quest'abito
dalla linea classica.*

WORTH
Abito in lamé rosso e oro.

← Bruno Munari, *Sera*,
"Lidel", novembre /
November 1930

→ Brunetta,
Acconciature,
"Lidel", novembre /
November 1930

but "trepidazione" and, for the highlight of the final show and dream of every young girl, "momento supremo," an apt name for a wedding dress. The film was celebrated in cinemas and in the press. The *Osservatore romano*, though not without some reservations, praised its underlying concept, described as "to imagine and immerse a high-spirited story in a completely Italian environment, and to show our Italian initiatives in a favorable light while uncovering the ridiculous side of certain esterophile affectations." [51]

Only a few months earlier, in September 1936, the National Fashion Board published a 500-page *Italian Dictionary of Fashion with Commentary*, edited by journalist Cesare Meano, who accepted no oversights and imposed the use of "healthy Italian entries." At times, it verged on, or passed into, the absurd: the *pied-de-poule* became "millezampe", the *négligé* a "in disordine," the garter "legacciolo" (a term used in fact by D'Annunzio), which perhaps, with such an unromantic name, even lost part of its mysterious charm. The linguistic question soon acquired legal implications, when a 1938 decree-law instituted heavy fines (from 500 to 5,000 liras) for all manufacturers and shopkeepers who continued to use foreign words.

Meanwhile, in print – where more and more often, models, whether Italian or French, were copied to the point of manifesting no distinct provenance – photography was featured regularly along with the graphic illustrations. Nonetheless, the most exclusive magazines still entrusted these graphics to distinguished artists, despite what some experts in the field have claimed recently. [52] This is the well-known case of René Gruau, fast-working, worldly-wise and genteel, or the even more modern and essential Francesco Dal Pozzo, Brunetta, or the young Bruno Munari, who composed his pages intermingling drawings and photography as early as 1930. In the same category is the concise Erberto Carboni, who drew accessories and furnishings for *Lidel* and as architect, designed the sets for the festival of autarchic fashion and clothing in Venice in 1941. The spaces, with their enchanting surrealist and metaphysical touches, presented beautiful, luxurious fabrics and dresses for high-society women who, despite it all, were still trying to live and dress lavishly, as if everything were still perfectly normal. Regardless of the hardships and tragedies of the moment, illustrators, poster artists, and painters continued on paper and on canvas to interpret the ideals (or what were supposed to be the ideals) of the contemporary woman: charm, distinction, and worldliness – projections and desires of women with little to do, probably useless, or rather, useful only if they were able to procreate; they were, in brief, "passive protagonists of the grandeur of the Nation," the way Mussolini wanted them, or as Natalia Aspesi wrote, "irrelevant women, just as the regime decided bourgeois women should be." [53]

Such were the final, by now senseless, flares of a period that was coming to an end. Soon would follow the racial laws, which with suicidal short-sightedness drove also manufacturers and big capital away from the fashion industry, and then the war, with its misery, textile rationing, tickets for clothing, stocking lines drawn directly on women's legs, the abolition of waistcoats and trains for dresses in the desperate attempt to save a few centimeters of material, the battles against every item of clothing that seemed too frivolous or avant-garde – turban-like hairdos, tight little waists, two-piece bathing costumes, but above all, slacks for women, considered bourgeois and much too "masculinizing." [54] On the other hand, it also called forth a true "Italian creativity," demonstrated, for example, by Salvatore Ferragamo's beautiful sandals made of cellophane, raffia and rope. [55] In the post-war period, would come the economic boom, the female "bombshell," and a provocative way of dressing that was rather less than genteel, with clothes that called attention to women's generous curves and would have been inconceivable only a few years before.

And yet, perhaps the memory of beauty, of class, of the style of those first decades of the twentieth century will remain clear, and unsurpassed, in the Italian unconscious. "Fashion – our way of being – is the self-portrait of a society," wrote Ennio Flaiano, scathingly, in his *Diario notturno*. That was the Italy of 1956, which he so despised.

Some years before, in 1951, in *Signora di trent'anni fa*, Achille Togliani nostalgically recalled a girl he had met in 1919, and with her, the dream – or the shadow – of a period that seemed to have faded forever: Italy's carefree years, aglow with innocence.

My indiscrete heart
still finds no peace,
ever more restless and alert,
unwilling to surrender to age.
Today my heart reminded
secretly
of a woman
I knew thirty years ago.
In nineteen nineteen,
dressed in voile and chiffon,
I met her I don't remember where,
on the avenue or maybe at a cotillon.
I remember her eyes, just her eyes,
with a touch of blue liner,
then I swore to you my eternal love.
Your name was..... I don't remember.
Then I took you.... I don't remember where,
and you told me... I don't remember.
In nineteen nineteen,
perhaps your name was.... youth

← Erberto Carboni, *Portacappelli per signora*, "Lidel", ottobre / October 1930

strazione italiana", particolarmente attiva nella campagna per la moda autarchica, o "La Donna", "Cordelia", "Rakam", "Annabella", "Grazia" (che con un occhio di riguardo per la donna che lavora, intesa come impiegata, propone idee per il guardaroba da ufficio), "Moda" e, più vicine ancora alle direttive del regime, "Dea" e "Vita femminile" –, le pubblicità dei profumi alludono alle conquiste africane: il nuovo profumo de La Ducale di Parma è "Egizia, fascino di terre lontane, effluvio di essenze squisite", il colore suggerito per confezionare da sé una camicetta, sulle pagine di "Gioia" nell'estate 1938, è il "giallo coloniale"; la stessa rivista – economica, carta leggerissima, quasi sempre in bianco e nero – contiene rubriche utili per creare con poca spesa maglieria e abiti, e reca spesso in copertina immagini di fanciulle appartenenti alle diverse etnie che ormai fanno parte dell'Impero.

Dal 1934 i nomi delle Maison francesi cominciano a essere omessi, nonostante se ne continuino a pubblicare le creazioni; spariranno definitivamente nel 1937, anche se le signore della buona società continueranno a guardare a Parigi – attraverso "Vogue", "Marie Claire" o "Harper's Bazar" – per i loro guardaroba.

Nel 1932 Torino è stata nominata da Mussolini capitale dell'alta moda ed è qui che nel 1937 Alessandro Blasetti ambienta *Contessa di Parma*, una storia d'amore (tra gli sceneggiatori è anche Mario Soldati) che, tra equivoci e malintesi, precorrendo i tempi – protagonisti sono una *man-*

nequin, la biondissima, algida ma simpatica Elisa Cegani, e un calciatore – mette in scena abiti sofisticati (della casa torinese Mary di Matté), pellicce (di Giuseppe Viscardi; come gli abiti con garanzia dell'Ente nazionale della Moda), collezioni, sfilate. Siamo in pieno clima autarchico, e il direttore della Maison Printemps, il commendator Ferrani, un omino azzimato e ormai grottesco con il suo gusto e la sua terminologia francesizzante, sarà messo in riga dalla nuova proprietaria, tanto brutta quanto ricca, e dalle idee chiare, intraprendente e di solide preferenze italiane. E così nella nuova gestione i modelli di Milano prendono il posto di quelli di Parigi, la Maison si chiama ora Magazzini Primavera, la *mannequin* viene chiamata indossatrice, i *revers* diventano "risvolti", la *saison* "stagione" e i modelli non saranno denominati più *aube rosée*, *prestige* o *ardeur* ma "trepidazione" e, acme della sfilata finale così come di ogni sogno di fanciulla, "momento supremo", il giusto nome per l'abito da sposa. Si plaude al film nelle sale e sulla stampa: l'"Osservatore romano", pur con qualche critica, loda l'idea di base, quella di "immaginare ed immergere una vicenda briosa in un ambiente tutto italiano, e di valorizzare talune iniziative nostrane, mostrando il lato ridicolo di certe affettazioni esterofile"[51].

Del resto, appena pochi mesi prima, nel settembre del 1936, l'Ente Nazionale della Moda ha pubblicato un *Commentario dizionario italiano della Moda* di 500 pagine, a cura del gior-

nalista Cesare Meano, che non ammette distrazioni e impone l'uso delle "sane voci italiane": sfiorando e anzi ampiamente superando l'assurdo, il *pied-de-poule* diventa "millezampe", il *négligé* un "in disordine", la giarrettiera si trasforma in "legacciolo" – termine che usa effettivamente anche D'Annunzio – ...e forse, con il nome, perde anche parte del suo misterioso fascino. Una questione linguistica che assume ben presto anche contorni giuridici, con un decreto legge che, nel 1938, prevederà multe salate (da 500 e fino a 5.000 lire) per tutti i fabbricanti e negozianti che insistono nell'adottare un vocabolario straniero.

Intanto, sulla carta stampata – dove i modelli sempre più spesso, italiani o francesi che siano, nel copiare generale non hanno paternità – la fotografia affianca ormai in buona parte la grafica, che rimane comunque affidata, sulle riviste più esclusive, ad artisti eccellenti (contrariamente a quanto ritiene la critica recente, anche specializzata)[52]. È il caso, celebre, di René Gruau, dal piglio veloce, mondanissimo e raffinato, o degli ancora più moderni ed essenziali Francesco Dal Pozzo, Brunetta, del giovane Bruno Munari, che già nel 1930 compone le sue pagine facendo dialogare disegno e fotografia, o del sintetico Erberto Carboni, che su "Lidel" disegna accessori e soluzioni d'arredo e che nel 1941 firmerà a Venezia, come architetto, l'allestimento della rassegna autarchica della moda e dell'abbigliamento,

→ Erberto Carboni, *Cuscini moderni*, "Lidel", novembre / November 1930

I thank my father Lucio with all my heart. Speaking with him about literature, history, cinema and music has always been an immense pleasure.
Further heartfelt thanks to Dario Cimorelli, who introduced me to the marvelous world of posters and advertising and with whom every new job is such a joyful shared adventure that, when one job finishes, I can hardly wait to start the next. I thank my dear friend Lino Patruno, "pusher" of films that cannot be found otherwise, who makes so many of our evenings, and our lives, much happier with his incredible memory, his stories about his life and about jazz, his banjo and his generosity.
Finally, we are grateful to Lauro Rossi, Giuseppe Monsagrati and Giovanni Paolo Renzi for their helpfulness.

[1] In G. Agnese, *Vita di Boccioni*, Florence 1996, p. 93.
[2] D. Cecchi, *Giovanni Boldini*, Turin 1962, p. 234.
[3] M. Morasso, *L'imperialismo artistico*, Turin 1903, pp. 285-286.
[4] On the relationship between poster art and society, see A. Villari, *"Sua maestà la réclame." L'arte e il mestiere della pubblicità tra gli anni Venti e gli anni Quaranta del Novecento*, in *Manifesti. Pubblicità e vita italiana 1895-1945*, ed. A. Villari, Cinisello Balsamo (Mi) 2009, pp. 10-61, with preceding bibliography.
[5] On this subject, A. P. Quinsac, *Il culto delle immagini. Gli artisti italiani e la rappresentazione della borghesia europea, 1860-1922*, In *La borghesia allo specchio. Il culto delle immagini dal 1860 al 1920*, exhibition catalogue (Turin), ed. A.P. Quinsac, Cinisello Balsamo (Mi) 2004, pp. 11-42.
[6] On the relationship between fashion and economic history in Italy in the 1800 and 1900s, see E. Merlo, *Moda italiana. Storia di un'industria dall'Ottocento a oggi*, Venice 2003.
[7] G. Simmel, *La moda* [first version 1895, second 1905, final 1911], Milan 2009, p. 16.
[8] For more on Mele posters, see *I manifesti Mele. Immagini aristocratiche della belle epoque, per un pubblico di Grandi Magazzini*, ed. M. Picone Petrusa, Milan 1988.
[9] E. Merlo, *Moda italiana...* cit., pp. 138-140
[10] Stefan Zweig, *The World of Yesterday*, University of Nebraska Press, 1964.
[11] See N. Aspesi, *Il lusso e l'autarchia. Storia dell'eleganza italiana 1930-1944*, Milan 1982, p. 19; S. Gnoli, *Moda. Dalla nascita della haute couture a oggi*, Rome 2012, pp. 17-19. For further references, see C. Seeling, *Moda. Il secolo degli stilisti 1900-1999*, Milan 2000; E. Morini, *Storia della moda. XVIII-XXI secolo*, Milan 2010 Regarding posters and fashion, *Marcello Dudovich, eleganza italiana*, ed. M. Scudiero, New York 2002; *Era di moda. Eleganze in Italia attraverso i manifesti*

storici della Raccolta Bertarelli, exhibition catalogue (Milan), ed. G. Mori, Cinisello Balsamo (Mi) 2005; *Eccellenza italiana. Arte, moda e gusto nelle icone della pubblicità*, exhibition catalogue (Brescia), ed. M. Capella, Cinisello Balsamo (MI), 2008.
[12] *I Capelli corti*, Lidel, February 1924, p. 33.
[13] M. Ramperti, *La boxe femminile*, Lidel, March 1924, pp. 53-54.
[14] I. Brin, *Usi e costumi 1920-1940*, Palermo 2001.
[15] *Marcello Dudovich. Oltre il manifesto*, exhibition catalogue (Trieste, 2002-2003), ed. R. Curci, Milan 2002, p. 111.
[16] L. De Liguoro, *Le battaglie della moda 1919-1933. Raccolta di articoli*, Rome 1934, p. 8.
[17] On Gruau's activity and his collaboration with fashion magazines, *Gruau e la moda. Illustrare il Novecento*, ed. E. Tosi Brandi, Cinisello Balsamo (Mi) 2008, and in particular A. Vaccaro, *Pagine italiane: la riscoperta di Gruau nelle riviste di moda degli anni venti e trenta*, pp. 32-45.
[18] "Also blossoming forth from mankind's delight in colour, the art of working with fabrics may even be more arduous, more complicated, more subtle than painting itself [...] thus the painter who devotes himself to this exquisite art is not lowering himself to an industrial application of his talent [...] of this clearly Mariano Fortuny is well-aware [...] the man with his two-pronged perspicacity, as a painter and as a scientist [...] creating endless designs, alternating griffins, unicorns, dolphins, volutes, porcupines, and traditional Raphaelesque touches with the latest original styles, relying on his beautiful, distinctive feeling for modern chromatic effects, and all from his inexhaustible imagination." G. Marangoni, *Le stoffe Fortuny*, Lidel, January 1924, pp. 24-26.
[19] Vittorio Montano was the owner of the most prestigious fashion house of the period, Ventura, located in Milan with

over 800 workers.
[20] Vera, *La moda al Palazzo*, Lidel, May 1924, pp. 27-30.
[21] On Boccasile, see P. Biribanti, *Boccasile. La signorina Grandi Firme e altri mondi*, Rome 2009.
[22] *Fantasie d'Italia*, Christmas 1925-New Year 1926, p. 33.
[23] Also representing French fashion was the Tuscan illustrator and fashion designer Umberto Brunelleschi, who had been living in Paris for years. He confessed to De Liguoro how shocked he was by the level of Italian creativity. N. Aspesi, *Il lusso e l'autarchia*, cit. p. 23.
[24] Also in 1930, Maia José, wife of Prince Umberto, decided not to use her "fine Flemish lingerie or the French dresses and furs" that had been given her before her wedding. She would only wear "dresses that Italian ingenuity had created expressly for her", including her wedding dress, made by the Ventura house in Milan (as were other evening gowns she and other noblewomen used in the following days). *La Lettura*, February 1930, cit. in N. Aspesi, *Il lusso e l'autarchia...*, cit., pp. 7-9.
[25] The advertisement for Piatti pajamas in July 1926 said, "Pajamas are the ideal home wear for the modern woman – comfortable, practical, and undemanding: with pajamas, the *signora* gains in self-assurance and loses nothing of her seductiveness." *Fantasie d'Italia*, July 1926, p. 19.
[26] *La linea e il colore nelle stoffe moderne, Fantasie d'Italia*, Christmas 1925 - New Year's Eve 1926, p. 105.
[27] "The fame of Como in the silk industry is quite old, and for centuries the splendour of its fabrics has carried the name of Italy in triumph around the world, for the manufacturers of the area, with the steadfast tenacity and bold enterprising spirit that defines their character as industrialists, have been fighting for years to hold their own against foreign competition, and they have won [...] But recent days have seen a curious phe-

spazi dagli incantevoli richiami surrealisti e metafisici dove sono presentate stoffe e confezioni bellissime, di gran lusso, per le dame dell'alta società che, nonostante tutto, tentano di continuare a vivere e a vestirsi sfarzosamente, come se nulla fosse.

Nonostante le tragedie e le difficoltà del momento, illustratori, cartellonisti, pittori, sulla carta o sulla tela continuano a tradurre gli ideali – o quelli che si vuole siano tali – della donna del tempo: fascino, distinzione, mondanità; si tratta di proiezioni e di desideri di donne poco impegnate, probabilmente inutili, o meglio utili solo se capaci di procreare, insomma "passive protagoniste della grandezza della Patria", come piacciono al Duce: "donne irrilevanti come il regime ha deciso debbano essere le borghesi", ha scritto Natalia Aspesi[53].

Sono gli ultimi, ormai balordi fuochi di una stagione che si avvia alla conclusione. Poi, ci saranno le leggi razziali, che allontanano anche dal settore della moda, con miopia suicida, industriali e grandi capitali, e la guerra, con la sua miseria, il razionamento dei tessuti, la tessera dell'abbigliamento, le righe delle calze dipinte direttamente sulla pelle, l'aboli-

zione degli strascichi e dei panciotti – nel disperato tentativo di risparmiare centimetri di stoffa – le battaglie a ogni elemento del vestiario che appaia troppo frivolo e audace, dal cappello a turbante al vitino da vespa, al costume due pezzi, a, soprattutto, i pantaloni femminili – borghesi e troppo "mascolinizzanti"[54]. Ma sarà anche l'affacciarsi di una vera "creatività italiana", per esempio con i sandali di cellophane, rafia e corda con tacco di sughero – bellissimi – del geniale Salvatore Ferragamo[55]. Nel dopoguerra arriveranno infine il boom economico, le maggiorate, un abbigliamento procace, non sempre propriamente raffinato, che sottolinea curve opulente impensabili fino a qualche anno prima.

Ma forse il ricordo della bellezza, della classe, dello stile di quei primissimi decenni del XX secolo rimarrà impresso, e insuperato, nell'immaginario degli italiani. "La moda – il nostro modo d'essere – è l'autoritratto di una società", scrive Ennio Flaiano, caustico, in *Diario notturno*: è l'Italia, e poco gli piaceva, del 1956; alcuni anni prima – 1951 – nella *Signora di trent'anni fa*, Achille Togliani cantava, nostalgico, il ricordo di una fanciulla incontrata

nel 1919 e con esso il sogno, l'ombra anzi, di una stagione che sembrava ormai definitivamente tramontata: la stagione spensierata, per l'Italia intera, della freschezza e dell'innocenza.

Il cuore mio indiscreto
pace ancor non si dà,
sempre più sveglio e più irrequieto
non si rassegna alla sua età.
Oggi m'ha ricordato,
in gran segreto,
una signora di
trent'anni fa.
Nel millenovecentodiciannove,
vestita di voile e di chiffon
io v'ho incontrata non ricordo dove,
nel corso oppure a un ballo-cotillon.
Ricordo gli occhi, gli occhi solamente,
segnati un pò con la matita blu,
poi vi giurai d'amarvi eternamente.
Vi chiamavate... non ricordo più.
Poi vi condussi... non ricordo dove,
e mi diceste... non ricordo più.
Nel millenovecentodiciannove
vi chiamavate forse... gioventù

Ringrazio con immenso amore mio padre Lucio, con il quale parlare di letteratura, di storia, di cinema, di musica è, da sempre, un enorme divertimento.
Un grazie con tutto il cuore a Dario Cimorelli, che mi ha fatto scoprire il meraviglioso mondo dei manifesti e della pubblicità, con il quale ogni lavoro è una gioiosa avventura condivisa e un piacere tale che, finito uno, non si vede l'ora di cominciarne un altro. Ringrazio con grande affetto il caro amico Lino Patruno, "pusher" di film introvabili, che con la sua incredibile memoria, i suoi racconti di vita e di jazz, il suo banjo e la sua generosità rende molte delle nostre serate, e la nostra vita, decisamente più allegre.
Infine, siamo grati a Lauro Rossi, Giuseppe Monsagrati e Giovanni Paolo Renzi, sempre disponibili e collaborativi.

[1] In G. Agnese, *Vita di Boccioni*, Firenze 1996, p. 93.
[2] D. Cecchi, *Giovanni Boldini*, Torino 1962, p. 234.
[3] M. Morasso, *L'imperialismo artistico*, Torino 1903, pp. 285-286.
[4] Sul rapporto tra cartellonistica e società si rimanda a A. Villari, *"Sua maestà la réclame". L'arte e il mestiere della pubblicità tra gli anni venti e gli anni quaranta del Novecento*, in *Manifesti. Pubblicità e vita italiana 1895-1945*, a cura di A. Villari, Cinisello Balsamo (Mi) 2009, pp. 10-61, con bibliografia precedente.
[5] Su questo tema, A.P. Quinsac, *Il culto delle immagini. Gli ar-*

tisti italiani e la rappresentazione della borghesia europea, 1860-1922, in *La borghesia allo specchio. Il culto delle immagini dal 1860 al 1920*, catalogo della mostra (Torino) a cura di A.P. Quinsac, Cinisello Balsamo (Mi) 2004, pp. 11-42.
[6] Sul rapporto tra moda e storia economica nell'Italia dell'Ottocento e del Novecento, si rimanda a E. Merlo, *Moda italiana. Storia di un'industria dall'Ottocento a oggi*, Venezia 2003.
[7] G. Simmel, *La moda* [prima versione 1895, seconda 1905, ultima 1911], Milano 2009, p. 16.
[8] Sui manifesti Mele, si rimanda a *I manifesti Mele. Immagini*

aristocratiche della "belle époque", per un pubblico di Grandi Magazzini, a cura di M. Picone Petrusa, Milano 1988.
[9] E. Merlo, *Moda italiana* cit., pp. 138-140.
[10] S. Zweig, *Il mondo di ieri* [1942], Milano 1994 p. 63.
[11] Si rimanda a N. Aspesi, *Il lusso & l'autarchia. Storia dell'eleganza italiana 1930-1944*, Milano 1982, p. 19; S. Gnoli, *Moda. Dalla nascita della haute couture a oggi*, Roma 2012, pp. 17-19. Come altri testi di riferimento si vedano C. Seeling, *Moda. Il secolo degli stilisti 1900-1999*, Milano 2000; E. Morini, *Storia della moda. XVIII-XXI secolo*, Milano 2010. Su manifesti e moda, *Marcello Dudovich, eleganza italiana*, a

cura di M. Scudiero, New York 2002; *Era di moda. Eleganze in Italia attraverso i manifesti storici della Raccolta Bertarelli*, catalogo della mostra (Milano) a cura di G. Mori, Cinisello Balsamo (Mi) 2005; *Eccellenza italiana. Arte, moda e gusto nelle icone della pubblicità*, catalogo della mostra (Brescia) a cura di M. Capella, Cinisello Balsamo (MI) 2008.

[12] *I Capelli corti*, "Lidel", febbraio 1924, p. 33.

[13] M. Ramperti, *La boxe femminile*, "Lidel", marzo 1924, pp. 53-54.

[14] I. Brin, *Usi e costumi 1920-1940*, Palermo 2001.

[15] Citato in *Marcello Dudovich. Oltre il manifesto*, catalogo della mostra (Trieste, 2002-2003) a cura di R. Curci, Milano 2002, p. 111.

[16] L. De Liguoro, *Le battaglie della moda 1919-1933. Raccolta di articoli*, Roma 1934, p. 8.

[17] Sull'attività di Gruau e sulla sua collaborazione con le riviste di moda, *Gruau e la moda. Illustrare il Novecento*, a cura di E. Tosi Brandi, Cinisello Balsamo (Mì) 2008, e in particolare A. Vaccaro, *Pagine italiane: la riscoperta di Gruau nelle riviste di moda degli anni venti e trenta*, pp. 32-45.

[18] "Sbocciata anch'essa dalla gioia umana del colore, l'arte della stoffa è forse più ardua, più complicata, più sottile della stessa pittura [...] non si umilia ad una applicazione industriale del proprio ingegno [...] di ciò dovette essere consapevole Mariano Fortuny [...] eccolo col suo doppia acume di pittore e di scienziato [...] componendo infiniti disegni, alternando i grifi, i liocorni, i delfini, le volute, i ricci le raffaellesche della tradizione con le nuove originali fogge uscite, con bella e personale novità di sentimento cromatico moderno, dalla sua inesauribile fantasia". G. Marangoni, *Le stoffe Fortuny*, "Lidel", gennaio 1924, pp. 24-26.

[19] Vittorio Montano era titolare della più prestigiosa casa di moda del periodo, la Ventura di Milano, che aveva più di ottocento operaie.

[20] Vera, *La moda al Palazzo*, "Lidel", maggio 1924, pp. 27-30.

[21] Su Boccasile si veda P. Biribanti, *Boccasile. La signorina Grandi Firme e altri mondi*, Roma 2009.

[22] "Fantasie d'Italia", Natale 1925 - Capodanno 1926, p. 33.

[23] A rappresentare la moda francese era anche l'illustratore e figurinista toscano Umberto Brunelleschi, da anni a Parigi, che confidò alla De Liguoro di essere rimasto stupito dal livello raggiunto dalla creatività italiana. N. Aspesi, *Il lusso & l'autarchia* cit., p. 23.

[24] Nello stesso 1930 Maia José, sposa del principe Umberto, decideva di non utilizzare la "finissima biancheria fiamminga, gli abiti e le pellicce francesi" che gli erano stati donati in vista delle nozze, ma solo "gli abiti che la genialità italiana aveva creato espressamente per lei", tra cui l'abito per la cerimonia, opera (come altri abiti da gran sera da lei e da altre nobildonne usati nei giorni successivi) della casa Ventura di Milano. "La Lettura", febbraio 1930, cit. in N. Aspesi, *Il lusso & l'autarchia* cit., pp. 7-9.

[25] Recita la pubblicità del pigiama Piatti nel luglio 1926: "Il pigiama è l'abito da casa ideale della donna moderna, comodo, pratico, disobbligante: con esso la signora acquista in disinvoltura e non perde nulla della sua seduzione". "Fantasie d'Italia", luglio 1926, p. 19.

[26] *La linea e il colore nelle stoffe moderne*, "Fantasie d'Italia",

Natale 1925 - Capodanno 1926, p. 105.

[27] "La fama di Como nell'industria della seta è assai antica, e da moltissimo tempo lo splendore dei suoi tessuti ha portato vittorioso per il mondo il nome d'Italia perché i fabbricanti comaschi, con quella salda tenacia e con quell'ardimentoso spirito di iniziativa che sono caratteristiche alla loro tempra di industriali, lottano da generazioni per tener testa alla concorrenza straniera, e sono riusciti a vincere [...]. Ma avveniva fino a questi giorni un fenomeno curioso: che la maggior parte – la quasi totalità – delle stoffe di seta usate dai sarti italiani per gli abiti femminili provenivano dall'estero, perché, incredibile a dirsi, mancava fra gli industriali della seta e gi industriali dell'abbigliamento la reciproca conoscenza. [...] Ora però questa situazione paradossale sta per finire, e deve anzi considerarsi finita, perché per iniziativa di 'Fantasie d'Italia' una più intima conoscenza fra le due industrie sorelle è stata stretta [...]". A. Fraccaroli, *Le belle donne e la moda nel convegno di Como*, "Fantasie d'Italia", febbraio 1926, pp. 33-34.

[28] "I nomi stessi degli originali modelli che qui presentiamo alle nostre lettrici [Modello Costantinopoli e Modello Norge] dicono lo scopo per il quale furono creati. La moda delle grandi crociere marittime della Cosulich e della Sitmar, che offrono certo un richiamo più suggestivo di quello delle consuete villeggiature, ha creato a sua volta un'altra nuovissima moda: la 'moda di bordo'. I magnifici piroscafi-hotels vedranno dunque uno sfoggio di appropriate eleganze: le moderne signore che navigano verso i mari d'Oriente o verso i mari Artici, vorranno dare al proprio abbigliamento uno stile personalissimo. E di squisita eleganza sono questi due modelli, creati dalla Casa Fumach Medaglia". *Le crociere marittime e la moda*, "Fantasie d'Italia", agosto 1926, p. 45.

[29] A. Fraccaroli, *A tu per tu con un capello di donna*, in *Sempre più matte con pepe e sale*, Milano 1942, pp. 150, 152.

[30] Lo stesso Dalmonte aveva raccontato la sua esperienza, maturata soprattutto all'estero, Stati Uniti, Canada, Inghilterra, in L. Dalmonte, *Un colpo d'occhio in una grande casa di pubblicità americana*, "La Pubblicità", I, aprile 1925.

[31] L. Dalmonte, *Presente e futuro... La rinascita della Rinascente*, "L'Ufficio Moderno", settembre 1949.

[32] Si rimanda a S. Gundle, *Figure del desiderio. Storia della bellezza femminile italiana*, Roma-Bari 2007, in particolare da p. 132.

[33] F. Savona, *Riflessioni sulla gonna lunga*, "La Scena Illustrata", 1-15 novembre 1931, p. 39.

[34] G. Boccasile, *La signorina Grandi Firme*, a cura di L. Longanesi, Milano 1981.

[35] La serie di Paolo e Virginia era in realtà stata avviata da Rino Albertarelli.

[36] "Federico", *L'italiana si abbiglierà da sé*, "Aria d'Italia", numero dedicato a *L'Italia attraverso il colore*, maggio 1940, s.n.p.

[37] Sull'argomento si veda N. Aspesi, *Il lusso & l'autarchia* cit.

[38] Nel novembre-dicembre 1938 un fascicolo speciale della rivista "La Pubblicità" viene interamente dedicato all'autarchia. I richiami autarchici erano continui sulle pagine del "Popolo d'Italia", dove il redattore capo Giorgio Pini sottolineava spesso il rapporto pubblicità-autarchia.

[39] "L'Ufficio Moderno", febbraio 1936, p. 81.

[40] *Temi pubblicitari per l'autarchia*, "L'Ufficio Moderno", gennaio 1938, pp. 23-28.

[41] G. Pesavento, *La pubblicità dell'avvenire*, "L'Ufficio Moderno", settembre 1936, pp. 356-357.

[42] *Azienda autarchica*, "L'Ufficio Moderno", gennaio 1939, p. 1. Nell'editoriale di aprile (p. 145), leggiamo: "Ieri ancora l'autarchia aveva come il pudore della sua forza. Oggi la necessità economica e morale ne dispiega la sua forza in canto".

[43] L. Lionni, *Mostre, fiere, propaganda collettiva*, "L'Ufficio Moderno", agosto 1937, pp. 369-372; dello stesso autore *Propaganda collettiva*, "L'Ufficio Moderno", agosto 1938, pp. 401-407.

[44] L. Mangiarotti, *In margine alla mostra delle Invenzioni. Televisione e telescrittura*, "L'Ufficio Moderno", settembre 1939, pp. 427-428.

[45] *Grandeggiare su tutti gli ostacoli*, "L'Ufficio Moderno", aprile 1936, pp. 138-139.

[46] Già nel 1927 l'architetto Luciano Baldessari aveva allestito la mostra serica nazionale voluta a Como dall'associazione degli industriali tessili fascisti.

[47] "L'Ufficio Moderno", luglio 1939, pp. 338-339.

[48] N. Aspesi, *Il lusso & l'autarchia* cit., p. 71.

[49] *Il Lanital ha le stesse qualità della lana naturale e può sostituirla in tutte le applicazioni*, "Gioia", 31 luglio 1938.

[50] Citato in N. Aspesi, *Il lusso & l'autarchia* cit., p. 81.

[51] M. M., "Osservatore romano", 16 novembre 1937.

[52] "Gli autori pubblicitari del mondo della moda sembrano soffrire da sempre di una sorta di sterilità comunicativa, di un evidente appiattimento e impoverimento creativo [...]". G. Galoforo, M. Montebelli, S. Pomodoro, *Moda e pubblicità. Stili e tendenze del fashion system*, Roma 2005, p. 3. Se il giudizio può forse valere per gli anni recenti, non è affatto condivisibile nella sua generalizzazione, e soprattutto per la grafica e i manifesti pubblicitari che vanno dalla fine dell'Ottocento agli anni trenta del Novecento.

[53] N. Aspesi, *Il lusso & l'autarchia* cit., pp. 36, 78.

[54] Lucio Ridenti, sulla "Gazzetta del Popolo", già il 6 aprile 1939 aveva decretato: "Non si portano più i calzoni: né al mare, né in campagna, e neppure nei luoghi di villeggiatura. Le donne con i calzoni sono antiestetiche, tutte, anche quelle che credono fermamente di essere eleganti perché sono slanciate. La prima ad avere torto fu Marlene Dietrich [...]. Ma a noi non importa niente; alle nostre donne di gusto basta la loro semplicità". Ancor più duri saranno gli articoli contro i pantaloni che appariranno su "La donna fascista", che conduce varie campagne per l'affermazione della moda patriottica, sulle cui pagine quella contro i pantaloni diventa "Una crociata che ha un alto contenuto morale". Al di fuori dei luoghi di villeggiatura, l'uso dei pantaloni viene addirittura multato. Ivi, p. 139.

[55] L'inventiva del calzolaio fiorentino, che usando materiali poveri crea modelli che incantano le signore di tutto il mondo, viene plaudito sulle pagine dei giornali. Nell'estate del 1942 "Documento-Moda", la pubblicazione edita dall'Ente Nazionale della Moda, gli dedica un lungo servizio. S. Ferragamo, *Il calzolaio dei sogni*, Firenze 1971.

nomenon: that the majority – indeed almost all – of the silk used by Italian dressmakers for women's wear comes from abroad, because, incredible as it may seem, the silk industrialists and the clothing manufacturers knew little of each other. [...] Now, however, that paradoxical situation is coming to an end, or rather, it is over, because, thanks to the initiative of "Fantasie d'Italia", the two sister industries have learned much more of each other [...]." A. Fraccaroli, *Le belle donne e la moda nel convegno di Como*, *Fantasie d'Italia*, February 1926, pp. 33-34.

[28] The very names of the original models we present here to our readers [*Modello Costantinopoli* and *Modello Norge*] suggest the reason they were created. The fashion of the great Cosulich and Sitmar cruise ships, which unquestionably offer greater appeal than the typical vacation spot, has created another still newer style: "on board fashion." Thus the magnificent steamship-hotels will enjoy a display of fitting refinement and style. Modern ladies who sail towards the seas of the Orient or the Arctic will want to give their wardrobe a style all their own. And these two models, created by Casa Fumach Medaglia, can boast of an exquisite elegance. *Le crociere marittime e la moda*, *Fantasie d'Italia*, August 1926, p. 45.

[29] A. Fraccaroli, *A tu per tu con un capello di donna*, in *Sempre più matte con pepe e sale*, Milan 1942, pp. 150, 152.

[30] Dalmonte had previously written of his experience, mostly garnered abroad in the United States, Canada and England, in L. Dalmonte, *Un colpo d'occhio in una grande casa di pubblicità americana*, *La Pubblicità*, I, April 1925.

[31] L. Dalmonte, *Presente e futuro... La rinascita della Rinascente*, in *L'Ufficio Moderno*, September 1949.

[32] See S. Gundle, *Figure del desiderio. Storia della bellezza femminile italiana*, Rome-Bari 2007, and especially, beginning with p. 132.

[33] F. Savona, *Riflessioni sulla gonna lunga*, *La Scena Illustrata*, 1-15 November 1931, p. 39.

[34] G. Boccasile, *La signorina Grandi Firme*, ed. L. Longanesi, Milan 1981.

[35] The series with Paolo and Virginia was actually begun by Rino Albertarelli.

[36] "Federico", *L'italiana si abbiglierà da sé*, *Aria d'Italia*, issue devoted to *L'Italia attraverso il colore*, May 1940, s.n.p.

[37] On this subject, see N. Aspesi, *Il lusso e l'autarchia...*, cit.

[38] In November-December 1938, a special insert with the magazine *La Pubblicità* was entirely dedicated to autarchy. References to autarchy appeared constantly in the pages of *Popolo d'Italia*, where the Editor-in-Chief Giorgio Pini often underlined the relationship between advertising and autarchy.

[39] *L'Ufficio Moderno*, February 1936, p. 81.

[40] *Temi pubblicitari per l'autarchia*, *L'Ufficio Moderno*, January 1938, pp. 23-28.

[41] G. Pesavento, *La pubblicità dell'avvenire*, *L'Ufficio Moderno*, September 1936, pp. 356-357.

[42] *Azienda autarchica*, in *L'Ufficio Moderno*, January 1939, p. 1. The April editorial (p.145), read, "Ieri ancora l'autarchia aveva come il pudore della sua forza. Oggi la necessità economica e morale ne dispiega la sua forza in canto".

[43] L. Lionni, *Mostre, fiere, propaganda collettiva*, in "L'Ufficio Moderno", August 1937, pp. 369-372; by the same author, *Propaganda collettiva*, in "L'Ufficio Moderno", August 1938, pp. 401-407.

[44] L. Mangiarotti, *In margine alla mostra delle Invenzioni. Televisione e telescrittura*, *L'Ufficio Moderno*, September 1939, pp. 427-428.

[45] *Grandeggiare su tutti gli ostacoli*, *L'Ufficio Moderno*, April 1936, pp. 138-139.

[46] Already in 1927, architect Luciano Baldessari had mounted a national silk exhibition in Como at the urging of the association of fascist textile industries.

[47] *L'Ufficio Moderno*, July 1939, pp. 338-339.

[48] N. Aspesi, *Il lusso e l'autarchia...*, cit., p.71.

[49] *Il Lanital ha le stesse qualità della lana naturale e può sostituirla in tutte le applicazioni*, *Gioia*, 31 July 1938

[50] Quoted in N. Aspesi, *Il lusso e l'autarchia...*, cit., p. 81.

[51] M. M., *Osservatore romano*, 16 November 1937.

[52] "The creators of advertisements in the world of fashion have always seemed to suffer from a sort of communication sterility, a definite creative dullness and impoverishment [...] "; G. Galoforo, M. Montebelli, S. Pomodoro, *Moda e pubblicità. Stili e tendenze del fashion system*, Rome, 2005 p. 3. While that opinion might be valid for recent years, it is certainly not acceptable as a generalization, and especially for graphics and posters from the end of the 1800s to the 1930s.

[53] N. Aspesi, *Il lusso e l'autarchia...* cit., pp. 78, 36.

[54] Lucio Ridenti, in the *Gazzetta del Popolo*, on 6 April 1939 had decreed: "Slacks must not be worn anymore – not at the sea or in the mountains and not even in vacation resorts. Women with slacks are anti-aesthetic, all of them, even those who firmly believe in their own elegant just because they are slim. The first to make this mistake was Marlene Dietrich [...] But we do not care at all; for our women with taste, their simplicity is enough." Even harsher articles appeared in *La donna fascista*, a magazine that conducted various campaigns pushing for a patriotic style. According to them, the struggle against slacks was "a crusade with a high moral content." Outside of vacation resort areas, the use of slacks was actually punished with a fine. In *Ivi*, p. 139.

[55] The newspaper celebrated the creativity of the Florentine shoemaker, who, using only humble materials, made models that charmed women around the world. In the summer of 1942, *Documento-Moda*, the publication of the National Fashion Board, devoted a long article to him. S. Ferragamo, *Il calzolaio dei sogni*, Florence 1971.

Mode Estive
Summer Fashion

↑ Anonimo /
Anonymous, *E. & A.*
Mele & Ci. Napoli,
circa 1899

↑ Anonimo /
Anonymous, *E. & A.*
Mele & Ci. Napoli,
1898

↑ Anonimo /
Anonymous, *E. & A.*
Mele & Ci. Napoli,
circa 1900

→ Anonimo /
Anonymous,
E. & A. Mele &
Ci. Napoli,
circa 1900

↑   Anonimo /
      Anonymous, *E. & A.*
      Mele & Ci. Napoli,
      circa 1900

↑   Gian Emilio Malerba,
      E. & A. Mele & Ci. Napoli,
      1906

→   Marcello Dudovich,
      E. & A. Mele & Ci.
      Napoli, 1907

88

←   Aleardo Villa (?),
*E. & A. Mele & Ci.
Napoli*, 1901

↑   Leopoldo
Metlicovitz, *E. & A.
Mele & Ci. Napoli*,
circa 1900

↑   Aleardo Terzi,
Mele & Ci. Napoli,
circa 1913

↑ Anonimo /
Anonymous, *E. & A.
Mele & Ci. Napoli,*
1899

→ Aldo Mazza, *E. & A.
Mele & Ci. Napoli,*
circa 1900

92

Marcello Dudovich,
Mele & Ci. Napoli,
circa 1907-1908

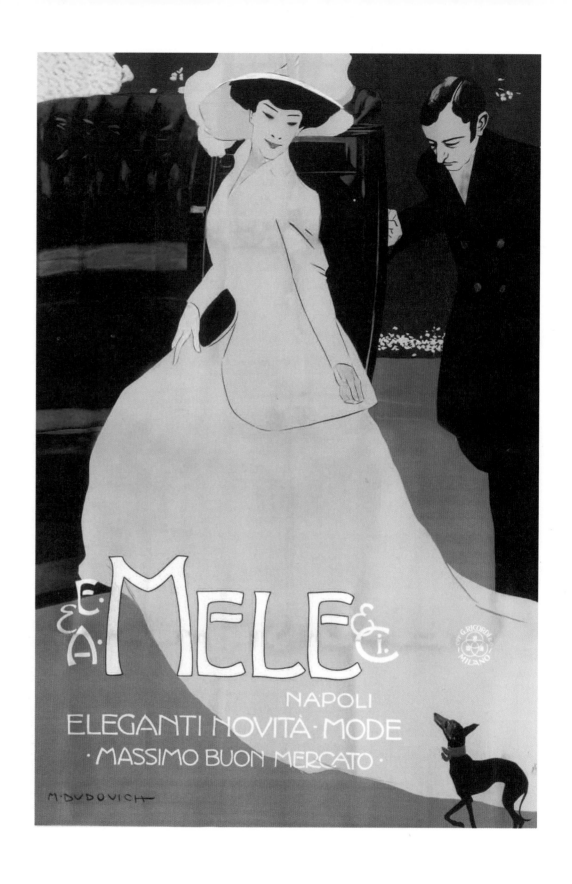

↑   Marcello Dudovich,
      E. & A. Mele & Ci. Napoli,
      circa 1908

Alberto Martini,
Corset Salute G.B.S.,
circa 1900

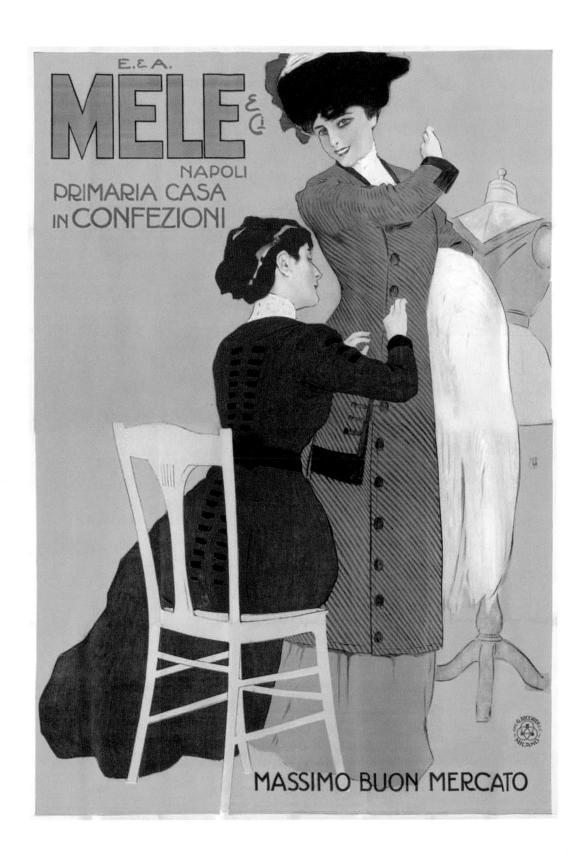

↑   Aleardo Terzi,
Mele & Ci. Napoli,
circa 1913

↑   Aleardo Terzi,
Mele & Ci. Napoli,
1909-1912

↑ Aleardo Terzi,
Mele & Ci. Napoli,
circa 1911

↑ Aleardo Terzi,
Mele & Ci. Napoli,
circa 1911

↑ Gian Emilio Malerba,
*E. & A. Mele & Ci.
Napoli*, 1900

↑ Anonimo /
Anonymous, *E. & A.
Mele & Ci. Napoli*,
1899

→ Aleardo Villa,
*E. & A. Mele & Ci.
Napoli*, circa 1902

→ Leopoldo Metlicovitz,
*E. & A. Mele & Ci.
Napoli*, 1898

↑   Leopoldo
Metlicovitz, *E. & A.
Mele & Ci. Napoli*,
1905

←   Aleardo Villa,
*E. & A. Mele & Ci.
Napoli*, 1903

↑   Anonimo /
      Anonymous, *E. & A.*
      Mele & Ci. Napoli,
      circa 1900

↑   Marcello Dudovich,
Mele & Ci. Napoli,
circa 1913- 1914

↑ Aleardo Villa,
*E. & A. Mele & Ci.
Napoli*, 1896

↑ Aleardo Villa (?),
*E. & A. Mele & Ci.
Napoli*, 1900

↑   Anonimo /
     Anonymous, *E. & A.
     Mele & Ci.*, 1899

NUOVI GRANDI MAGAZZINI

"AL DUOMO"

PIAZZA DEL DUOMO ::   **MILANO**   :: :: VIA TORINO

Abiti fatti e su Misura

PER UOMO, GIOVINETTO E BAMBINI

Grande specialità in Costumi Sportivi e Vestiti per Turismo

DIVISE PER UFFICIALI E PER CHAUFFEURS · LIVREE
PADRONALI · IMPERMEABILI · SPOLVERINI ECC.

30% di reale economia sui prezzi della concorrenza - Ribassi speciali ai Soci del T. C. I.

CATALOGO GENERALE GRATIS DIETRO SEMPLICE RICHIESTA

PREZZI FISSI ———————— VENDITA PER CONTANTI

Pipein Gamba
(Giuseppe Garuti),
*Isolabella & Co
Genova*, 1904

↑   Enrico Sacchetti,
Unione Cooperativa,
circa 1928

↑   Carlo Nicco,
La Merveilleuse, 1930

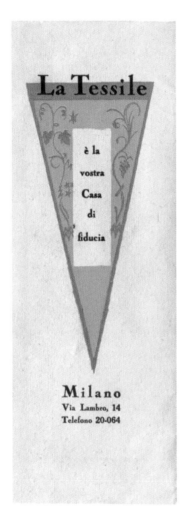

↑ Anonimo /
Anonymous, *La
Rinascente Milano*,
1918

↑↑↑ Anonimo / Anonymous,
La Tessile, dépliant
pubblicitario / advertising
brochure, Milano / Milan,
1926

→ Aleardo Terzi,
Martellotti Mode Roma,
1922

MARTELLOTTI
MODE
VIA VENETO 42.46   VIA M. MINGHETTI 18.
ROMA

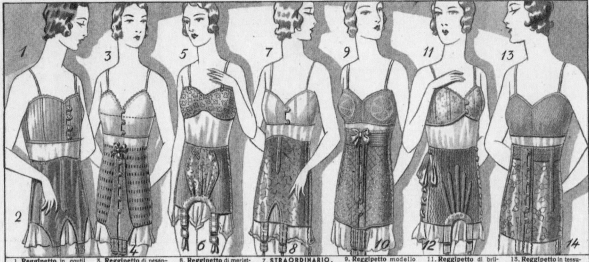

1. Reggipetto in coutil rigato pesante, adatto per complessione forte Lire 9.90
2. "Imperia" Panciera di raso nella sola tinta rosa, con 4 jarrettiers, modello nuovissimo allacciato ai lati Lire 22.50

3. Reggipetto di pesantissimo madapolam bianco, allacciato dietro e abbottonato avanti Lire 5.90
4. Busto elastico in filo bianco o rosa, con molle avanti e stringa dietro e con 4 jarrettieres. Lire 27.90

5. Reggipetto di merletto bianco o rosa, modello Salomè foderato in tulle Lire 10.90
6. Panciera in elastico "Ultra Flex" altezza cm. 25 allacciata sul fianco e con 4 jarrettieres. solo in rosa L. 42.50

7. STRAORDINARIO. Reggipetto in ottimo madapolam bianco o rosa .... Lire 1.90
8. NOVITÀ! Busto in coutil rosa damascato elastico "Ultra Flex" 4 jarrettieres, alto cm. 35 Lire 45.90

9. Reggipetto modello Salomè in pesante tulle rosa, bianco o nero Lire 6.90
10. "Oretta" Busto in tessuto damascato, bianco o rosa, alto cm. 35 con molle avanti e stringa dietro Lire 18.90

11. Reggipetto di brillantina, rosa o bianco, abbottonato avanti e stringa dietro L. 5.90
12. RECLAME! Busto elastico resistentissimo, qualità pesante, nelle tinte: rosa o salmone, alto cm. 30 con 2 jarrettieres Lire 39.50

13. Reggipetto in tessuto celiulare, bianco, rosa o salmone, in tutte le misure Lire 4.90
14. Busto in tessuto di seta bianca o rosa damascata, alto cm. 32 con molle avanti e stringa dietro 4 jarrettieres Lire 29.50

I nostri busti rendono il corpo slanciato ed elegante

15. RECLAME! Pancierina in coutil rigato, bianco rosa o salmone allacciata ai fianchi e con elastico dietro Lire 10.90

16. Panciera Marcella in buon coutil bianco o rosa damascato, alta cm. 27 con molle avanti, stringa dietro ed elastico alla vita Lire 13.50

IMPORTANTE

Nelle ordinazioni dei busti o dei reggipetti è indispensabile indicarci la esatta misura della circonferenza di vita o quella del petto presa sul punto più sporgente.

17. Reggicalze di coutil rigato, bianco rosa o salmone, con 4 jarrettieres di seta, abbottonato avanti e con elastico dietro
Nostra speciale Réclame Lire 6.90

18. Parure di pesante madapolam bianco, con motivo di ricamo, disegni assortiti e smerlatura:
Camicia da giorno L. 5.50
Mutande ...... » 5.50
Camicia da notte con maniche lunghe L. 12.90

19. Combinazione a mutandein batista color carne, celeste, giallo, lilla, celeste, verdino o bianca, guarnita di ricamo e punto a giorno.
Convenientissima Lire 6.50

Massimo buon mercato

20. Parure réclame in batista color carne, giallo, lilla, verdino o celeste con bella guarnizione di pizzo ocre:
Camicia da giorno 6.50
Mutande 6.50
Camicia da notte 14.90
Combinazione 12.90

21. Parure in batista lilla, rosa, paglierino, verde, celeste o bianca con punti a giorno e ricamo a disegni vari
Camicia da giorno L. 3.90
Mutande........... » 3.90
Camicia da notte » 8.90
Combinazione bianca o colorata » 7.90
Detta, in satin nero .... » 8.90

Indirizzare la corrispodenza:
AI GRANDI MAGAZZINI FRANCESCO ZINGONE - Via Cola Di Rienzo - Roma

La nostra Lingeria è di una incontrastabile convenienza per la novità dei modelli, per la buona qualità dei tessuti

← Anonimo /
→ Anonymous,
*Magazzini Zingone
Roma*, catalogo
primavera-estate
1932 / spring-
summer 1932
catalogue

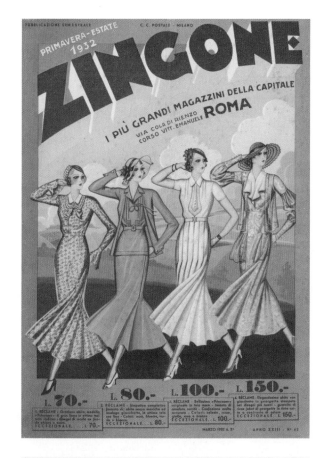

↑ Marcello Dudovich,
*La Rinascente
Milano*, 1922

↑ Marcello Dudovich,
La Rinascente,
catalogo primavera-
estate 1923 /
spring-summer 1923
catalogue

Marcello Dudovich,
La Rinascente,
1922 -1923

Marcello Dudovich,
E. & A. Mele & Ci.
Napoli, circa 1900

← Marcello Dudovich, *Ondelia l'eleganza per il mare*, 1933

← Marcello Dudovich, *La Rinascente*, 1955

← Marcello Dudovich, *La Rinascente*, 1930

← Marcello Dudovich, *Dazza l'eleganza per il mare*, 1932

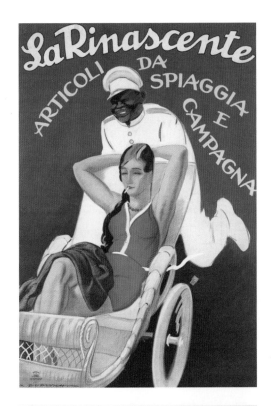

↑ Marcello Dudovich,
La Rinascente,
circa 1926-1927

↑ Marcello Dudovich,
La Rinascente, 1938

↑ Marcello Dudovich,
*Mare e monti alla
Rinascente,* 1935

← Marcello Dudovich,
*Novità primaverili
alla Rinascente*,
1941

← Anonimo /
Anonymous,
La Rinascente, 1924

↑   Marcello Dudovich,
La Rinascente, 1934

Mode Invernali
Winter Fashion

↑   Augusto Ortolani,
G. Contratti & C.,
circa 1900

↑   Leonetto Cappiello,
E. & A. Mele & Ci.
Napoli, 1904

→   Leonetto Cappiello,
E. & A. Mele & Ci.
Napoli, circa 1900

↑ Aleardo Villa,
F.lli Bocconi Milano,
circa 1900

↑ Anonimo /
Anonymous, *E. & A.*
Mele & Ci. Napoli,
1899

↑   S. Di Stefano,
E. & A. Mele & Ci.
Napoli, 1899

↑   Achille Beltrame,
E. & A. Mele & Ci.
Napoli, circa 1900

↑ Anonimo /
Anonymous,
E. & A. Mele & Ci.,
circa 1900

↑ Anonimo /
Anonymous,
E. & A. Mele & Ci.,
circa 1900

→ Anonimo / Anonymous, *E. & A. Mele & Ci. Napoli*, circa 1900

↑ Filippo Omegna,
*Unione Cooperativa
Miccio & C. Napoli,*
1910

↑ Filippo Omegna,
*Pelliccerie A. Frabetti
& R. Barozzi Bologna,*
1901

↑ Anonimo /
Anonymous, *E. & A.*
Mele & Ci. Napoli,
circa 1900

↑ Leopoldo
Metlicovitz (?),
E. & A. Mele & Ci.
Napoli, circa 1900

← Filippo Omegna,
*Palazzo della Moda
Roma*, circa 1910

↓ Anonimo /
Anonymous,
*Palazzo della
Moda*, "La Casa",
16 gennaio /
January 1913

↓ Anonimo /
Anonymous,
*Palazzo della
Moda*, "La Casa",
1-15 maggio / May
1913

↓ Anonimo /
Anonymous,
*Palazzo della
Moda*, "La Casa",
1-16 marzo /
March 1913

Filippo
Omegna,
*Palazzo della
Moda Roma*,
circa 1910

↑ Aldo Mazza,
*Unione Cooperativa
Miccio & C. Napoli,*
circa 1912

↑ Marcello Dudovich,
Mele & Ci. Napoli,
circa 1914

→ Marcello
Dudovich,
*Mele & Ci.
Napoli*,
circa 1912

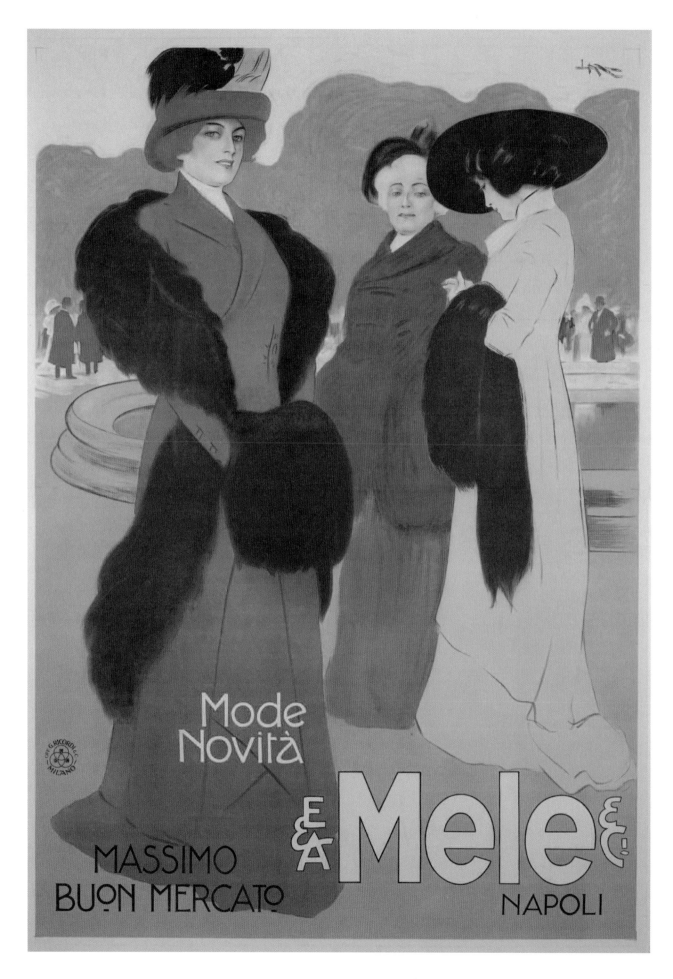

← Leopoldo
Metlicovitz (?),
*E. & A. Mele & Ci.
Napoli*, circa 1909

↑ Leopoldo
Metlicovitz, *E. & A.
Mele & Ci. Napoli*,
circa 1909

↑ Marcello Dudovich,
Mele & Ci. Napoli,
circa 1907

↑   Marcello Dudovich,
      E. & A. Mele & Ci.
      Napoli, circa 1907

↑   Leopoldo Metlicovitz (?),
     Loden Mele, circa 1909

↑   Leopoldo
      Metlicovitz,
      La Rinascente,
      circa 1923

↑   Anselmo Ballester,   →   Enrico Sacchetti,
      La Rinascente.   *Unione Cooperativa,*
      Padova, s.d. / n.d.   1924

↑ Marcello Dudovich,
La Rinascente,
circa 1925

↑ Marcello Dudovich,
La Rinascente,
circa 1921

↑ Marcello Dudovich,
La Rinascente,
circa 1925

↑ Marcello Dudovich,
La Rinascente,
circa 1923

← Domenico Lubatti,
Pellicceria A. Vezzani
Torino, circa 1920

← Nicolaj Diulgheroff,
Pellicceria A. Vezzani
Torino, circa 1920

← Anonimo /
Anonymous,
Pellicerie Rivella
Torino, circa 1920

→ Marcello
Dudovich,
La Rinascente,
circa 1922-1923

↑
↑ René Gruau,
← *Vesti bene Vesti lana,*
   circa 1950

↑   Erberto Carboni,
Max Mara, 1952

Abiti per uomo
Men's Fashion

↑   Franz Laskoff,
     E. & A. Mele & Ci.,
     circa 1900

↑   Anonimo /
     Anonymous, *E. & A.*
     Mele & Ci.,
     circa 1898

154

↑ Anonimo /
Anonymous, *E. & A.*
Mele & Ci. Napoli,
circa 1900

↑ Aleardo Villa,
E. & A. Mele & Ci.
Napoli, circa 1900

← Leopoldo
Metlicovitz, *E. & A.
Mele & Ci. Napoli*,
circa 1906

↑ Anonimo /
Anonymous, *E. & A.
Mele & Ci.*,
circa 1900

↑ Anonimo /
Anonymous,
E. & A. Mele & Ci.,
circa 1899

↑ Anonimo /
Anonymous, *E. & A.
Mele & Ci. Napoli*,
circa 1900

↑ Marcello Dudovich,
*E. & A. Mele & Ci.
Napoli*, 1910

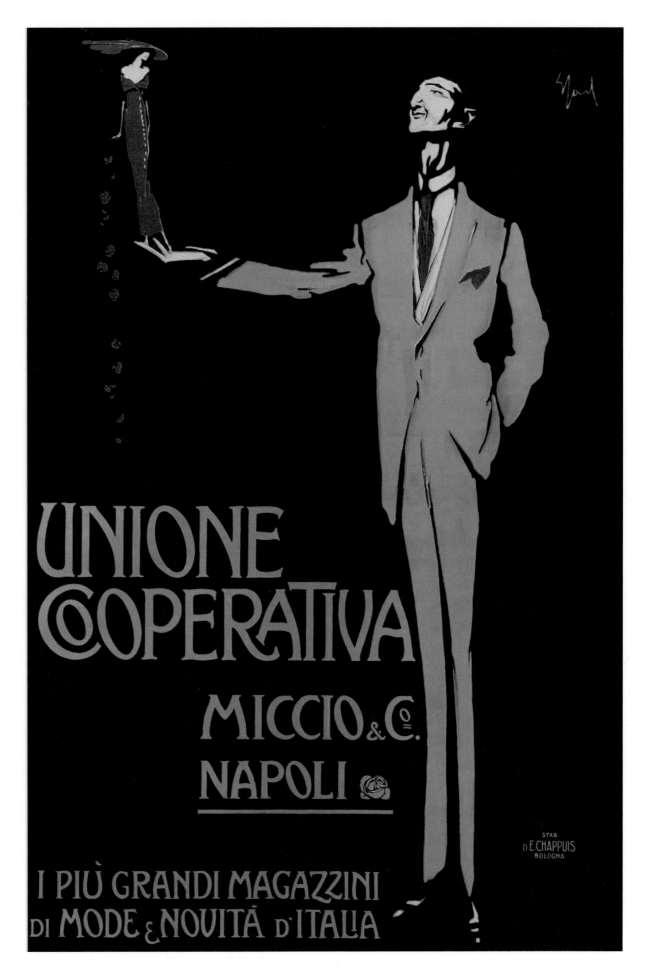

Enrico Sacchetti,
*Unione Cooperativa
Miccio & Co. Napoli,*
circa 1914

←   Enrico Sacchetti,
*E. & A. Mele & Ci.
Napoli*, circa 1914

↑   Franz Laskoff,
*E. & A. Mele & Ci.
Napoli*, circa 1902

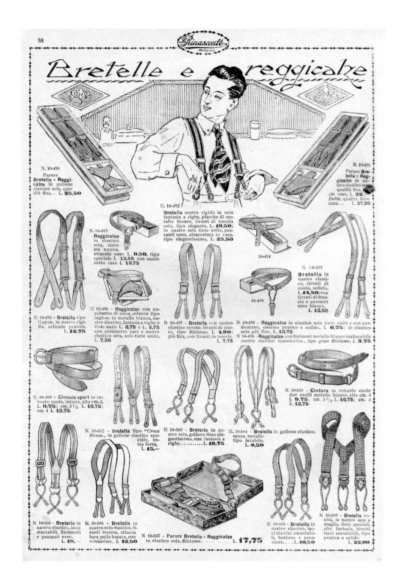

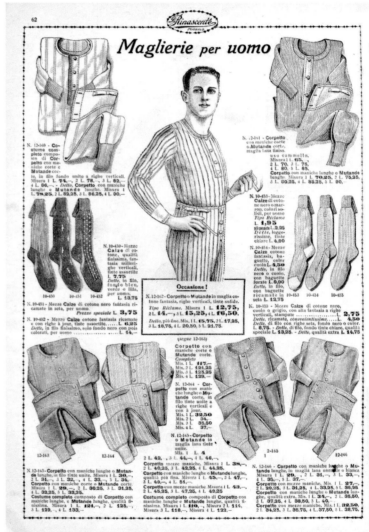

↑ Anonimo /
Anonymous, *Bretelle
e reggicalze*, catalogo
/ catalogue "La
Rinascente", 1923

↑ Anonimo /
Anonymous,
Maglierie per uomo,
catalogo / catalogue
"La Rinascente",
1923

↑ Anonimo /
Anonymous,
*Articoli per spiaggia
e campagna*,
catalogo / catalogue
"La Rinascente",
1928

165

Spolverini e Impermeabili

Elegante soprabito da viaggio.   Due eleganti abiti da passeggio.

Abiti per uomo

↑   Anonimo /
      Anonymous,
      Forest Italia, 1939

↑   Anonimo /
      Anonymous,
      *Spolverini e
      Impermeabili*,
      catalogo / catalogue
      "La Rinascente",
      1923

↑   Anonimo /
      Anonymous,
      Forest Italia, 1939

↑   Anonimo /
      Anonymous,
      Modelli, "Almanacco
      italiano", 1935

↑   Anonimo /
      Anonymous,
      Forest Italia, 1939

↑   Anonimo /
      Anonymous,
      Abiti per uomo,
      catalogo / catalogue
      "La Rinascente", 1923

→ Anonimo /
Anonymous,
*La Rinascente
Padova*, 1930

Accessori
Accessories

↑ Achille Beltrame (?),
*E. & A. Mele & Ci.
Napoli*, circa 1901

↑ Aleardo Villa, *E. & A.
Mele & Ci.*, 1900

← Anonimo /
Anonymous, *E. & A.
Mele & Ci. Napoli*,
circa 1900

→ Anonimo /
Anonymous,
E. & A. Mele
& Ci. Napoli,
circa 1900

↑ Anselmo Ballester,
E. & A. Mele & Ci.,
1898

↑ Anonimo /
Anonymous, *E. & A.*
Mele & Ci. Napoli,
circa 1900

↑ Leopoldo Metlicovitz (?),
E. & A. Mele & Ci. Napoli,
circa 1907

Novità **Abiti** *Eleganza*

N. 23-231 - **Abito** *Princesse* in foulard seta a ramages, nelle tinte
bianco con bleu o con nero e bleu
o nero con bianco, profilato in
seta tinta unita, ampia cintura
fiocco e punte ai lati, modello
grazissimo.

L. **210,—**

N. 23-232 - **Abito** *Princesse* in crêpe
de chine tutta seta, bleu marin,
grigio o nero, con fine guarnizione a piccole perline d'acciaio,
ampia cintura, elegantissimo.

L. **250,—**

N. 23-233 - **Abito** *Princesse* in crêpe
de chine tutta seta, bleu, marron
o nero, con ampii mouchoirs for-
manti punte ai lati, modello distinto.

L. **195,—**

N. 23-234 - **Abito** *Princesse* in crêp
georgette tutta seta, nero, bleu
marron o grigio, gonna plissé
corsage graziosamente ricamat
e allacciato sui fianchi, massim
eleganza.

L. **395,—**

Chiedere Campioni.   Per indicare le misure vedere il sistema a pagina 168.   Chiedere Campioni.

Novità **Abiti di seta** *Eleganza*

N. 23-223 - **Abito** *Princesse* in pesante jersey di seta, nero, marron, bleu o grigio, con motivi di
ricamo a colori, modello grazio-
sissimo.

L. **165,—**

N. 23-224 - **Abito** *Princesse* in bel-
lissimo foulard tutta seta, a
disegni assoluta novità, bleu
o nero con disegni bianchi, arric-
ciatura sui fianchi con ampie
punte e drappeggio trattenuto da
agraffes.

L. **225,—**

N. 23-225 - **Abito** *Princesse* in mor-
bido taffetas nero, tutta seta, con
originali applicazioni dello stesso
tessuto, modello distinto.

L. **198,—**

N. 23-226 - **Abito** *Princesse* in pesante jersey di seta, nero, marron, bleu o grigio, drappeggio su
un fianco con grazioso ricamo a
colori, modello elegante.

L. **195,—**

Chiedere Campioni.   Per indicare le misure vedere il sistema a pagina 168.   Chiedere Campioni.

↑ Anonimo /
Anonymous,
Abiti, catalogo /
catalogue "La
Rinascente", 1923

↑ Anonimo /
Anonymous,
Abiti di seta,
catalogo / catalogue
"La Rinascente", 1923

→ Anonimo /
Anonymous,
*Cappelli per bambine.
Cappelli per
signorine*, catalogo /
catalogue "La
Rinascente", 1923

Rinascente
Milano

Cappelli
per bambine

Cappelli
per signorine

30-276

30-277

30-278

30-275

N. 30-275 - Elegante **Cappello** in paglia tagal picot, tinta marron, chaudron o bluet, con ala in stoffa lamée oro e colore della paglia
L. **66,50**

30-279

30-280

N. 30-278 - Elegante **Cappello** in laize fantasia a due tinte, ala paglia tagal picot, tinte marron, bluet, chaudron,
L. **72,—**

ZANOBONI

N. 30-279 - Pastorella in finissima paglia Firenze, indicatissima per signorina
L. **39,50**

N. 30-280 - Elegante **Cappello** forma cloche in paglia tagal liscio, a due tinte, testa color fraise, bianco, bluet, grigio o chaudron con ala nera
L. **39,—**

30-282

30-285

N. 30-281 - Grazioso **Cappello** forma Niniche, in laize di paglia seta con piccola ala di nastro seta cangiante, tinte argento, nero, marron
L. **57,25**

30-281

N. 30-283 - Elegante **Cappello**, forma distinta, a due tinte, testa di paglia glina e ala in paglia tagal picot
L. **62,—**

N. 30-276 - Grazioso **Cappello** sguarnito, in paglia tagal liscio, nero, marron o beige
L. **35,—**

30-284

30-286

N. 30-277 - Distinto **Cappello** forma bicorno, indicatissimo per signora, in paglia tagal liscio, tinte nero, bluet, grigio, chaudron o pisello
L. **35,—**

30-285

N. 30-285 - Grazioso **Cappello** forma gamin, in paglia tagal liscio, bianco, guarnito con cordoncini fantasia, nella misura da cm 49 a 54
L. **23,50**

N. 30-284 - **Cappello** forma marinara, in taffetas seta, ala con cuciture, tinte nero, marron o bleu, modello praticissimo per bambine, misure da cm. 53 a 58
L. **37,50**

N. 30-282 - **Cappello** sguarnito, forma cloche, in paglia tagal liscio, tinte nero, bianco, bluet, pisello, grigio o marron
L. **32,—**

N. 30-286 - **Cappellino** in taffetas seta nera, fiocco seta colorato, modello elegante, nella misura da cm. 52 a 56
L. **21,—**

↑ Anonimo / Anonymous, *E. & A. Mele & Ci.*, 1899

← Franz Laskoff, *E. & A. Mele & Ci.*, circa 1900

→ Maga
(Giuseppe
Magagnoli),
Panizza, 1924

↑   Camillo Colla,
       S.A. Cappellificio
       Gio.Berti & Figli,
       circa 1930

→   Marcello Dudovich,
       Borsalino Antica
       Casa, 1928

178

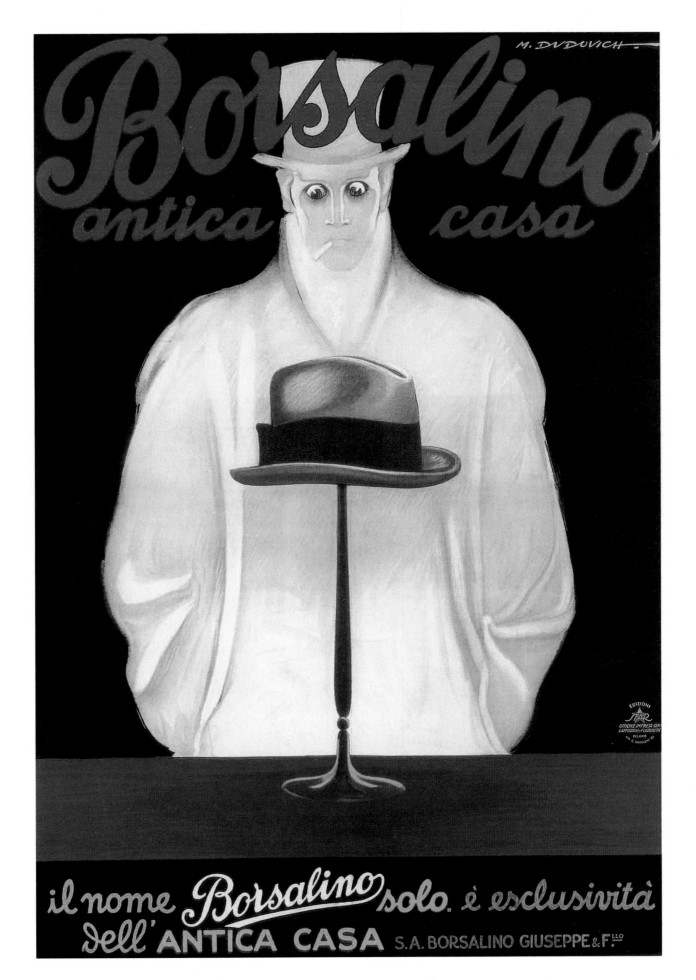

↑ Amerigo, *Valenza*,
circa 1930

↑ Achille Luciano
Mauzan, *"Cervo"*,
1924

↑ Plinio Codognato,
Panizza, 1927

↑ Achille Luciano
Mauzan, *Alexandria*,
circa 1925

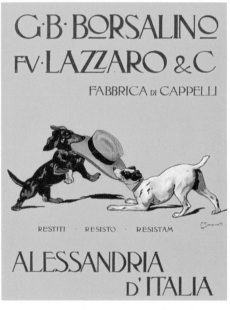

← Marcello Dudovich,
*Il Vero Borsalino
Antica Casa*, 1923

← Anonimo /
Anonymous,
Vanzina, circa 1920

← Cesare Simonetti,
*G.B. Borsalino fu
Lazzaro & C.*,
circa 1910

← Giovanni Mingozzi
(Atla), *Barbisio*,
1946

← Anonimo /
Anonymous,
Arbiter Barbisio,
1939

← Giovanni Mingozzi
(Atla), *Barbisio*,
1954

↑ Anonimo /
Anonymous,
*Berretti Baschi
Zorzoli*, circa 1940

→ Erme Ripa,
*Il Berretto
Marvolta*, 1926

↑ Anonimo /
Anonymous,
*Società Anonima
Berrettificio
Vogherese,*
circa 1940

↑ Anonimo /
Anonymous, *Marca
Gloria*, circa 1920

→ Xanti Schawinsky -
Studio Boggeri,
*Princeps S.A. Cervo
Italia*, circa 1934

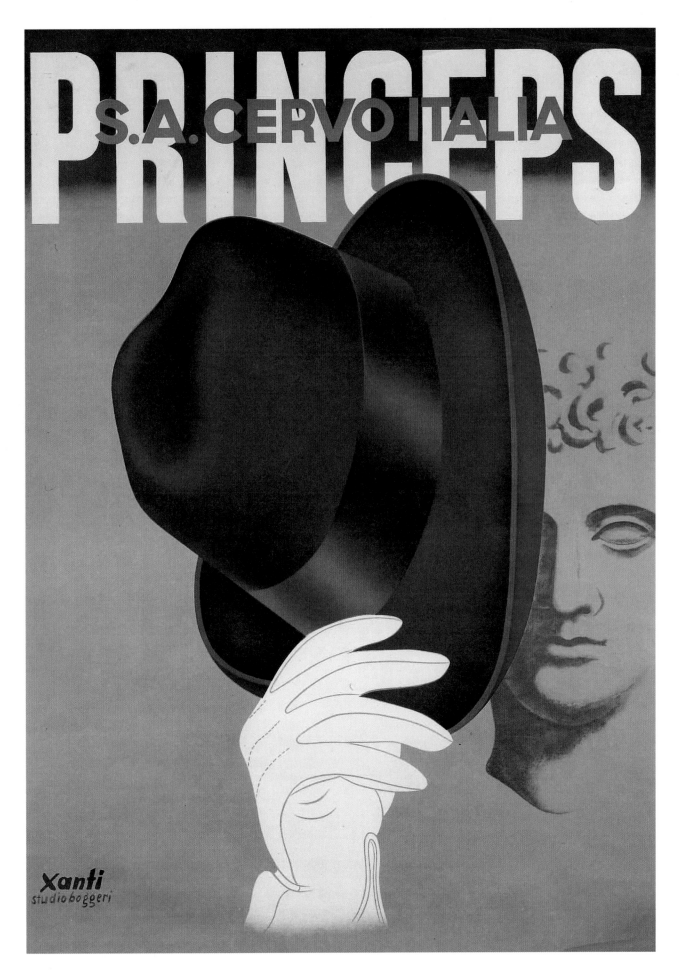

↑   Marcello Dudovich,
*G.B. Borsalino fu
Lazzaro & C.,*
circa 1930

↑   Adolfo Busi,
Borsalino, circa 1930

→   Marcello Dudovich,
*G.B. Borsalino fu
Lazzaro & C.,*
circa 1933

↑   Gino Boccasile, *G.B. Borsalino fu Lazzaro & C.*, 1933

↑   Gino Boccasile, *Bantam*, 1938

←   Gino Boccasile, *Cappello Bantam*, 1935

→   Paolo Federico Garretto, *Lord*, 1930

Calzature per signora per bambini e giovanetti

Calzature per bambini

N. 38-144 - Polacchi vero vitello cromo nero, modello a lacci, accurata confezione e solidissimi, per ragazzi, da cm. 17½ a 19½ da L. **39,90** a L. 47,50, 20 a 21 L. 49,50 a L. 54,50, 21½ a 23½ L. 57,50 a L. 62,00; *Detti*, in vitello colorato, da cm. 17½ a 19½ da L. **46,90** a L. 53,90, 20 a 21 L. 55,50 a L. 60,00, 21½ a 23½ L. 63,50 a L. 68,00; *Detti*, in cromo nero derby *Articolo Réclame*, cm. 19 L. **24,50**, 19½ L. 26,—, 20 L. 27,—, 20½ L. 28,25, 21 L. 29,50, 21½ L. 30,75, 22 L. 32,—

N. 38-153 - Pianelle in pelle nera, tacco legno, per signora, L. **29,50**. *Dette*, colorate.... L. 30,50. *Dette*, in broccato seta, articolo finissimo....... L. 45,—

N. 38-145 - Scarpette per bambini, forma bebè, leggerissime, in pelle vernice, calzatura igienica, cm. 10½ e 11½ L. **17,50**, cm. 12 e 12½, L. 19,50, cm. 13 e 14..... L. 21,50. *Dette*, in chevreau nero o colorato o camoscio bianco, cm. 10½ e 11½ L. **15,50**, cm. 12 e 12½.. L. 17,50, cm. 13 e 14..... L. 19,50

N. 38-149 - Scarpette per ragazzi, tela bianca, finissime, modello a lacci, per spiaggia e campagna, da cm. 17½ a 19 da L. **27,50** a L. 30,40, 19½ a 21 L. 31,90 a L. 36,50, 21½ a 23½ L. 37,90 a L. 40,90

N. 38-154 - Scarpette per signora, forma Carlo IX, tacco Luigi XII, in chevreau nero o colorato, ovvero in camoscio, nero, grigio o marrone......... L. **59,75**. *Dette*, in cromo nero verniciato .... L. 69,50. *Dette*, in seta nera L. **52,—**

N. 38-146 - Scarpette per bambini, forma bebè, leggerissime ed igieniche, in tela bianca, cenere o avana, cm. 10½ a 12.. L. **7,50**, cm. 12½ a 14.. L. 9,45, cm. 14½ a 16.. L. 11,45

N. 38-150 - Scarpette per bambini e giovanette, modello Carlo IX, cromo nero verniciato, elegante confezione, da cm. 14 a 16 da L. **27,50** a L. 32,90, 16½ a 19 L. 34,00 a L. 40,50, 19½ a 21 L. 42,00 a L. 50,50, 21½ a 23½ L. 52,00 a L. 57,90, 24 a 24½ L. 61,00 a L. 65,00. *Dette*, in chevreau nero, da cm. 14 a 16 da L. **23,50** a L. 27,90, 16½ a 19 L. 29,00 a L. 34,90, 19½ a 21 L. 36,50 a L. 40,90, 21½ a 23½ L. 42,50 a L. 48,50, 24 a 24½ L. 52,90 a L. 55,00. *Dette*, in chevreau colorato, da cm. 14 a 16 da L. **29,50** a L. 35,00, 16½ a 19 L. 35,00 a L. 43,90, 19½ a 21 L. 46,50 a L. 53,90, 21½ a 23½ L. 56,50 a L. 62,50, 24 a 24½ L. 66,50 a L. 70,50

N. 38-147 - Scarpette alla Francese, per bambini e ragazzi, modello a lacci, in cromo vernice nero, da cm. 14 a 16 da L. **28,90** a L. 34,50, 16½ a 19 L. 36,50 a L. 45,90, 19½ a 21 L. 48,90 a L. 57,90, 21½ a 23½ L. 60,00 a L. 66,90; *Dette*, in chevreau nero, da cm 14 a 16 da L. **25,50** a L. 30,90, 16½ a 19 L. 32,00 a L. 38,50, 19½ a 21 L. 40,90 a L. 47,50, 21½ a 23½ L. 49,95 a L. 55,90. *Dette*, in chevreau colorato, da cm. 14 a 16 da L. **31,50** a L. 36,00, 16½ a 19 L. 38,50 a L. 48,00, 19½ a 21 L. 52,50 a L. 62,50, 21½ a 23½ L. 65,90 a L. 72,90

N. 38-151 - Scarpette per bambini e giovanette, tela bianca, forma Carlo IX, tipo speciale, da cm. 14 a 16 da L. **18,90** a L. 23,50, 16½ a 19 L. 24,00 a L. 30,—, 19½ a 21 L. 31,90 a L. 36,50, 21½ a 23½ L. 37,50 a L. 40,00, 24 a 24½ L. 44,—, a L. 46,—

N. 38-148 - Polacchini per bambini, vitello cromo nero, modello a lacci, forma igienica, da cm. 14 a 15 da L. **29,90** a L. 32,90, 15½ a 16½ L. 34,90 a L. 37,50. *Detti*, in vitello colorato, da cm 14 a 15 a L. **32,90** a L. 36,50, 15½ a 16½ L. 40,50 a L. 45,50

N. 38-152 - Scarpette per giovanetti, modello Francesina, confezione accuratiss., in cromo vernice, cm. 24 L. **70,50**, 24½ L. 73,50, 25 L. 76,50, 26 L. 79,50. *Dette*, in chevreau nero, cm. 24 L. **59,50**, 24½ L. 64,00, 25 L. 69,50, 26 L. 73,00. *Dette*, in chevreau colorato, cm. 24 L. **74,90**, 24½ L. 74,90, 25 L. 78,90, 26 L. 80,90

N. 38-156 - Pianelle scendiletto in pelle nera, suola cuoio, sottopiedi imbottito, per uomo, L. 26,50; in pelle color. L. 27,50

N. 38-155 - Polacchini a bottoni, chevreau nero, colorato o camoscio bianco, leggeriss., per bambini cm. 10½ e 11½ L. **17,50**, 12 e 12½ L. 19,50. 13 e 14 L. 21,50

Calzature per signora

N. 38-158 - Scarpette per signora, modello a lacci, in camoscio nero, grigio o avana, oppure in chevreau nero, tacco Luigi XV, elegantiss., L. **74,75**. *Dette*, in vitellino colorato, L. 82,50

N. 38-159 - Scarpette speciali per nutrice, in chevreau nero, tacco basso L. 52,50

N. 38-163 - Pantofole in pelle nera, tacco basso di legno, per signora, L. 29,50. *Dette*, colorate...... L. 32,50

N. 38-162 - Scarpette alla Francesina, chevreau nero o colorato oppure in camoscio nero, grigio o marron, tacco Luigi XV, forma ultima moda, L. **59,75**. *Dette*, cromo vernice nera, L. 69,50

N. 38-157 - Scarpette per signora, in tela bianca, tipo Francesina, tacco Luigi XV, forma moderniss., L. 29,95

N. 38-160 - Scarpette scollate, vernice nera, tacco Luigi XVI, forma elegante, L. **69,50**. *Dette*, in seta nera L. **52,—**

N. 38-164 - Scarpette chevreau nero, forma Francesina, modello a lacci, tacco cuoio alto cm. 3½, per signora o giovanetta, L. **64,—**. *Dette*, cromo vernice nera, modello ad 1 listino, L. **78,—**

N. 38-165 - Polacchi in chevreau nero, mod. a lacci, tacco cuoio alto cm. 5, per signora, L. **95,—**. *Detti*, con tacco alto cm 3½ L. 95,—. *Detti*, chevreau colorato, tacco Luigi XV in legno, confezione speciale, L. 125,—

N. 38-166 - Scarpette modello Carlo IX, in tela bianca, leggere, eleganti, per signora, L. **29,95**. *Dette*, camoscio bianco,.. L. 78,—

N. 38-167 - Scarpette scollate, modello ad un listino, tacco Luigi XV, confez. speciale, forma novità, chevreau nero o in camoscio nero, grigio o avana, per signora....... L. 74,75

38-168

N. 38-161 - Scarpette chevreau nero, tacco cuoio alto cm. 5, a lacci, per signora, L. **64,—**; in cromo vernice nera extra, L. 79,50; in vitello colorato, L. 89,75

N. 38-169 - Polacchi vitello cromo nero, a lacci, tacco basso, forma inglese, per giovanetti, cm. 24 L. **66,90**, 24½ L. 75,50, 25 L. 81,50, 26 L. 88,50; in vitellino colorato, cm. 24 L. **74,90**, 24½ L. 81,90, 25 L. 89,90, 26 L. 96,—

N. 38-168 - Scarpette tela bianca, guarniz. pelle colorata, tacco Luigi XV, per signora L. **39,75**; con punte pelle colorata, tacco cuoio, L. 52,50; tutte in tela bianca, tacco cuoio L. 39,90

Anonimo / *Anonymous*, *Calzature per Signora per bambini e giovanetti*, catalogo / catalogue "La Rinascente", 1923

↑ Anonimo /
Anonymous,
*Figli di Antonio
Carniel Trieste,*
circa 1898

→ Anonimo /
Anonymous, *Ditta
Giovanni Gilardini
Torino*, circa 1900

← Anonimo /
Anonymous,
*Industria Calzature
Nobilitas*, 1920

← Anonimo /
Anonymous,
*Calzaturificio
Bernina*, circa 1920

← Anonimo /
Anonymous,
Rondine, circa 1935

← Giuseppe
Cappadonia,
*Calzaturificio di
Varese*, copertina di
/ cover of "Rivista
mensile del Touring
Club Italiano",
marzo / March 1915

↑ Erberto Carboni,
*Fab.ca Ital.na
Adelmo Copercini
Calzaturificio
Parma*, 1926

↑ Ettore Mazzini,
*Montanari Fabbrica
Calzature di gran
lusso*, 1925

← Acme Dalmonte, campagna pubblicitaria per /
advertising campaign of *Calzature Polli*, 1939

→ Acme Dalmonte, campagna pubblicitaria per /
advertising campaign of *Conforta Calzaturificio
di Varese*, 1939

SE SIETE COSTRETTA

a farvi fare le scarpe su misura è segno che il vostro piede è anormale e la vostra andatura irregolare. La calzatura "CONFORTA,, elegante e razionale, rieduca l'andatura e normalizza il piede grazie alla sua forma scientificamente studiata e all'apparecchiatura interna brevettata. Dopo aver calzato "CONFORTA,, non più scarpe su misura! ma conforto e risparmio.

"CONFORTA,, la calzatura che ad ogni passo una virtù rivela

Conforta per uomo e per donna
CALZATURIFICIO DI VARESE

UN PIEDE AGILE

esige l'arco del piede elastico e perfetto. L'abbassamento dell'arco del piede toglie ogni agilità a tutta la persona. La calzatura "CONFORTA,, elegante e razionale, grazie all'apparecchiatura interna brevettata, sostiene l'arco del piede e conferisce all'andatura giovanile eleganza

"CONFORTA,, la calzatura che ad ogni passo una virtù rivela

Conforta per uomo e per donna
CALZATURIFICIO DI VARESE

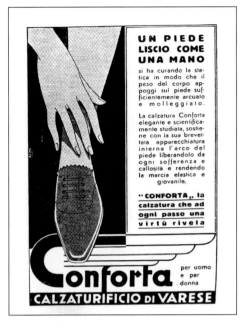

UN PIEDE LISCIO COME UNA MANO

si ha curando la statica in modo che il peso del corpo appoggi sul piede sufficientemente arcuato e molleggiato.

La calzatura Conforta elegante e scientificamente studiata, sostiene con la sua brevettata apparecchiatura interna l'arco del piede liberandolo da ogni sofferenza e callosità e rendendo la marcia elastica e giovanile.

"CONFORTA,, la calzatura che ad ogni passo una virtù rivela

Conforta per uomo e per donna
CALZATURIFICIO DI VARESE

TUTTI SI DIVERTONO

meno coloro che soffrono di stanchezza ai piedi

Non rovinate i momenti più belli della vita a causa delle scarpe. Calzate "CONFORTA,, che per la sua forma e apparecchiatura interna brevettata, sostiene l'arco del piede, mantiene sottile la caviglia, elimina dolore e stanchezza.

"CONFORTA,, la calzatura che ad ogni passo una virtù rivela

Conforta
CALZATURIFICIO DI VARESE

Un'andatura spedita ed aggraziata ringiovanisce la donna

Le donne formose perdono presto la grazia giovanile dell'incedere, perchè il peso del corpo abbassa a poco a poco l'arco scheletrico del piede.

La calzatura "CONFORTA,, elegante e razionale, previene e corregge l'abbassamento dell'arco del piede e conferisce al camminare leggerezza e leggiadria.

"CONFORTA,, la calzatura che ad ogni passo una virtù rivela

Conforta per uomo e per donna
CALZATURIFICIO DI VARESE

L'ETÀ DELLA DONNA SI RICONOSCE DALL'ANDATURA

Un abito elegante può solo in parte mascherare le ingiurie che gli anni arrecano alla delicata bellezza femminile.

Ma l'età è sempre svelata dall'andatura. La calzatura Conforta grazie alla sua forma scientificamente studiata e all'apparecchiatura interna brevettata, rende il passo elegante, giovanile, confortevole.

"CONFORTA,, la calzatura che ad ogni passo una virtù rivela

Conforta per uomo e per donna
CALZATURIFICIO DI VARESE

"CONFORTA,, la calzatura che ad ogni passo una virtù rivela

è il nome della calzatura di speciale modello che, grazie all'apparecchiatura interna brevettata, protegge il piede rendendo il camminare agile, leggero, riposante, confortevole

Conforta per uomo e per donne
CALZATURIFICIO DI VARESE

PERCHÈ SOFFRIRE?

Quando alla sera sentite il piede ingrossato, quando provate bruciori alle piante, quando si manifestano dolori alle articolazioni del piede, si tratta generalmente di una modificazione nella statica dell'arco scheletrico del piede. Se volete liberarvi da questi dolori portate la calzatura "CONFORTA,, elegantissima, razionalmente e scientificamente costruita, la quale sostiene l'arco del piede eliminando la causa dei dolori e quindi i dolori stessi.

"CONFORTA,, la calzatura che ad ogni passo una virtù rivela

Conforta per uomo e per donna
CALZATURIFICIO DI VARESE

POSATE IL PIEDE STORTO?

Un gran numero di persone hanno il difetto di posare il piede storto.

Chi ha tale difetto deve calzare "CONFORTA,, la calzatura elegante e razionale che, grazie all'apposita forma e apparecchiatura interna brevettata, sostiene l'arco e raddrizza il piede.

"CONFORTA,, la calzatura che ad ogni passo una virtù rivela

Conforta per uomo e per donna
CALZATURIFICIO DI VARESE

←   Marsilla, *Pancaldi*, 1938

↑   Gino Boccasile, *La Calzatura di Classe Tradate*, 1939

↑   Luciano Bonacini, *Impera*, 1939

Calzature per uomo

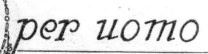

Assortimento SANDALI
per bambini, per signora e per uomo.

Assortimento SANDALI
per bambini, per signora e per uomo.

N. 38-125 - **Scarpette** in tela bianca, con riporti vitello colorato, forma elegante, confezione accuratissima, per uomo .... L. **69,—**
Dette, tutte in tela bianca, per uomo .... L. **49,75**
Dette, per giovanetto, cm. 24 e 24¹/₂ L. **45,—**, 25 e 26 L. 49,—

Per indicare le misure vedere il sistema a pag. 168.

N. 38-126 - **Busta con Pantofole**, in pelle finissima, tinte assortite, adatte per viaggio,
per uomo .... L. **32,—**
per signora .... L. **30,—**

Per indicare le misure vedere il sistema a pag. 168.

N. 38-127 - **Scarpette** in tela bianca, suola cuoio, forma moderna, per spiaggia, campagna, tennis, per uomo L. **19,50**; per giovanetto, cm. 23¹/₂ e 24¹/₂ L. **15,50**, 25 e 26 L. **16,90**; per bambini e ragazzi, cm. 14 e 14¹/₂ L. **8,95**, 15 e 16 L. **10,95**, 16¹/₂ e 18 L. **11,95**, 19 e 19¹/₂ L. **12,95**, 20 e 20¹/₂ L. **13,45**, 21 e 22¹/₂ L. **14,45**

N. 38-128 - **Ghette** in tela panama, tinta crème o bianche, per uomo .... L. **20,—**

N. 38-133

Sandali EUREKA

EUREKA MARCA DEPOSITATA

per uomo
signora
bambini
giovanetti

in vero vitello colorato liscio, suola di groppa, extra *solidi*, *flessibili e resistenti*,

misura cm.: 12 L. **13,—**, 12¹/₂ L. **14,—**, 13 L. **15,—**, 13¹/₂ L. **16,50**, 14 L. **17,50**, 14¹/₂ L. **18,50**, 15¹/₂ L. **19,50**, 16 L. **20,50**, 16¹/₂ L. **22,—**, 17¹/₂ L. **23**, 18 L. **24**, 18¹/₂ L. **25**, 19¹/₂ L. **26**, 20 L. **27,—**, 21 L. **28,—**, 21¹/₂ L. **29,—**, 22¹/₂ L. **30,50**, 23 L. **32,—**, 24 L. **34**, 24¹/₂ L. **35,50**, 25 L. **37,—**, 26 L. **38,—**, 26¹/₂ L. **40,—**, 27 L. **41,—**, 27¹/₂ L. **42**, 28¹/₂ L. **44**, 29 L. **46,—**, 30 L. **48,—**

N. 38-129 - **Scarpette** mod. Francesina, forma moderna, in vitello colorato, tacco basso L. **79,50**
Dette, in cromo nero L. **71,50**

N. 38-130 - **Pantofole** in pelle nera, leggerissime e flessibili, per uomo .... L. **28,50**
Dette, colorate ..... L. **29,50**

N. 38-131 **Calza-scarpe** in metallo nichelato L. **1,25**

N. 38-132 - **Chamoisin** per lucid. qualsiasi calzatura, L. **1,95**

— RICCO ASSORTIMENTO —

Calzature di tela bianca

per ragazzi, giovanetti, signora e uomo.

N. 38-134 - **Polacchi** con mascherina cromo vernice, ghetta stoffa nera, modello a lacci, forma *elegantissima*, per uomo L. **99,50**

N. 38-138 - **Polacchi** per giovanetto, in cromo nero derby, modello a lacci, *Articolo Réclame*, cm. 23¹/₂ L. **34,—**, 24 L. **35,—**, 24¹/₂ L. **36,—**, 25¹/₂ L. **37,—**, 26 .... L. **38,—**
Detti, in vitello cromo finissimo, modello a lacci, cm. 24 L. **54,50**, 24¹/₂ L. **55,50**, 25¹/₂ L. **56,50**, 26 L. **57,50**
Detti, finissimo vitello colorato, cm. 24 L. **57,50**, 24¹/₂ L. **58,50**, 25¹/₂ L. **59,50**, 26 L. **60,50**

N. 38-135 **Crema** «La Rinascente», bianca o colorata, qualità raccomandabile,
Vasetto grande .... L. **4,90**
Vasetto medio .... L. **3,50**

N. 38-139 - **Polacchi** in cromo nero, modello a lacci, forma moderna, per uomo L. **49,75**; *Detti*, vitellone cromo nero L. **79,—**; *Detti*, vitellone colorato L. **54,75**

N. 38-140 **Gambali** neri vero croupon speciali per chauffeur L. **48,—**
Detti, colorati L. **50,—**

N. 38-136 - **Sopratacchi** gomma « President », per uomo, il paio L. **3,50** per signora, da L. **2,—** a L. **2,25** il paio

N. 38-137 - **Polacchi** in finissimo vitello colorato, modello a lacci, confezione accurata, forma elegante, per uomo ..... L. **99,50**
Detti, con mascherina cromo nero, ghetta vitello colore L. **99,50**

N. 38-141 - **Polacchi** in finissimo chevreau nero, modello a bottoni, per uomo L. **99,95**. *Detti*, con mascherina cromo verniciato e ghetta stoffa, eleganti L. **98,50**

N. 38-142 - **Nécessaire da viaggio** per calzature, astuccio-valgetta pelle, contenente una scatola cromo nero, una gialla, due spazzole e un chamoisin ... L. **30,—**

← Anonimo /
Anonymous,
Calzature per Uomo,
catalogo / catalogue
"La Rinascente",
1923

→ Renzo Ventura,
*Centenari & Zinelli
Milano*, copertina di /
cover of "Rivista
mensile del Touring
Club Italiano",
ottobre / October
1914

→ Marcello Dudovich,
*Calzaturificio di
Varese*, copertina di /
cover of "Rivista
mensile del Touring
Club Italiano",
settembre /
September 1916

→ Anonimo /
Anonymous,
*Centenari & Zinelli
Milano*, copertina di /
cover of "Rivista
mensile del Touring
Club Italiano",
novembre /
November 1913

↑   Mario Borrione,
Campeggio, 1934

↑   Nerino (Neri
Nannetti), *Sandalo
Trento*, circa 1930

→   Anonimo /
Anonymous,
*Calzature
Tagliapietra*,
circa 1950

← Achille Beltrame, *Loden dal Brun Schio*, 1901

← A. Della Valle, *Loden Dal Brun Schio*, 1904

↑   Anonimo /
       Anonymous,
       Manifattura F.N.
       Acconciamessa & C.,
       circa 1920

→   Giovan Battista
       Carpanetto,
       Impermeabili G.
       Acconciamessa & C.,
       1897

↑ Anonimo / Anonymous, *Impermeabili Cofra*, 1946

↑ Giuseppe Cappadonia, *Impermeabili Pirelli*, 1924

← Anonimo / Anonymous, *Impermeabili Martini*, "Rivista mensile del Touring Club Italiano", ottobre / October 1914

→ Leopoldo Metlicovitz, *Impermeabili Ettore Moretti Milano*, 1920

↑ Orsi, *Impermeabili
Giani*, 1924

↑ Leonetto Cappiello,
Impermeabili Pirelli,
1921

Giorgio Muggiani,
Impermeabili Pirelli,
1926

IMPERMEABILI

Salga

Ombrello tascabile PIGMEO

PER SIGNORA   PER UOMO

Presso i negozi che espongono questo marchio
o rivolgersi alla Soc. M. MILANI & C.
Corso Roma, 2 - Milano - Tel. 89377

↑   Anonimo /
    Anonymous,
    *Ombrello tascabile
    Pigmeo*,"Lidel", 1929

↑   Golia
    (Eugenio Colmo),
    *Impermeabili
    Salga*,1921

Imperturbabili sotto la pioggia

BARGI
CONFEZIONI
EXTRA
PISA VIA DEL GIARDINO

Vi presentiamo i nuovi impermeabili, modelli brevettati, ideati dalla Industria Confezioni Extra BARGI · Via del Giardino · PISA. Come vedete in questi nuovi impermeabili sono state abolite le cuciture delle spalle e sul dorso, quelle che principalmente negli impermeabili di tipo comune lasciano filtrare l'acqua. I nuovi impermeabili BARGI per la loro costruzione razionale e per la loro eleganza, proteggono assai di più e vestono molto meglio.

LYNX
L'IMPERMEABILE
FUORI CLASSE

↑ Anonimo /
Anonymous,
Voga, 1939

↑ Anonimo /
Anonymous,
Lynx, 1939

↑ Acme Dalmonte,
Bargi, 1939

→ Anonimo /
Anonymous,
Marfor, 1940

→ Anonimo / Anonymous, *Ditta Cesare Tinti & C. Bologna*, 1940

→ Michelangelo Cignetti, *Alda Cravatte di Creazione*, 1937

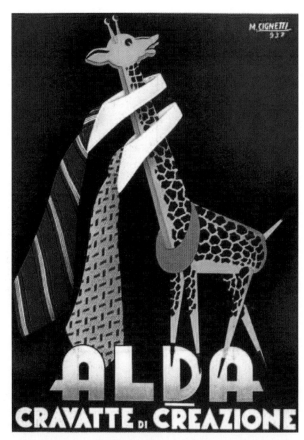

→ Fil, *Nodo Germani Scappino*, 1940

→ Anonimo / Anonymous, *Calze Ital Rayon*, circa 1934

← Leonetto Cappiello, *Borea Calze per Uomo*, 1923

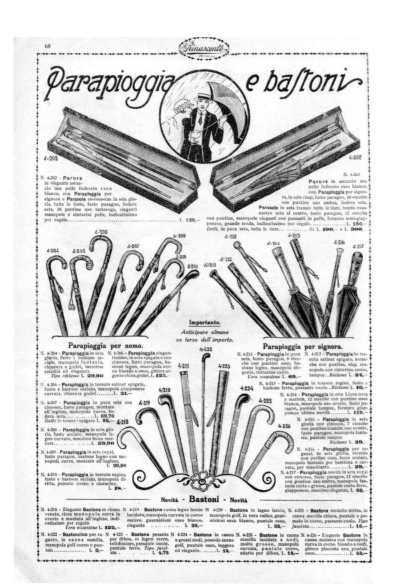

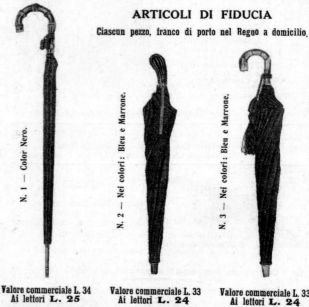

↑ Anonimo /
Anonymous,
*Parapioggia e
Bastoni*, catalogo /
catalogue
"La Rinascente",
1923

↑ Anonimo /
Anonymous, *Non
importa se piove
nell'anno 1935*,
"Almanacco
Italiano", 1935

↑ Michelangelo
Cignetti, *Guanti
Baravelli*, 1940

↑ Anonimo /
Anonymous,
U.T.E.G.I.P., 1940

↑ Anonimo /
Anonymous,
Dora Ciceri,
"Lidel", 1929

↑ Anonimo /
Anonymous, *Calze
Maristella,* "Guida
Ricciardi", 1941

→ Anonimo /
Anonymous, *Calze
Bemberg,* 1929

218

Calze Bemberg

SONO FABBRICATE COL FILATO OMONIMO E, PERCIÒ, MARCATE COL NOME

Seta Bemberg

IMPRESSO IN ORO, NEL PIEDE E CON QUESTI PRECISI CARATTERI.
IN ARGENTO PER LA SECONDA CERNITA.

↑ Luciano Bonacini,
Calze Rayon, 1934

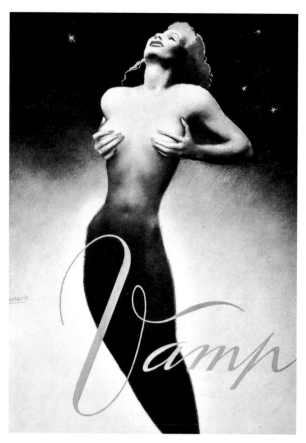

↑   Gino Boccasile,
Vamp, circa 1950

↑   Gino Boccasile,
Reggiseno Vamp,
circa 1950

←   Gino Boccasile,
Calze Fer, circa 1950

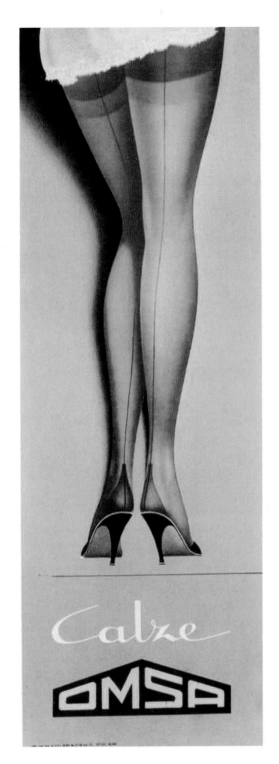

↑   Anonimo /
    Anonymous, *Calze
    OMSA*, circa 1950

↑   Anonimo /
    Anonymous,
    *PRM nuova calza
    per signora*, 1940

Moda e autarchia
Fashion and Autarchy

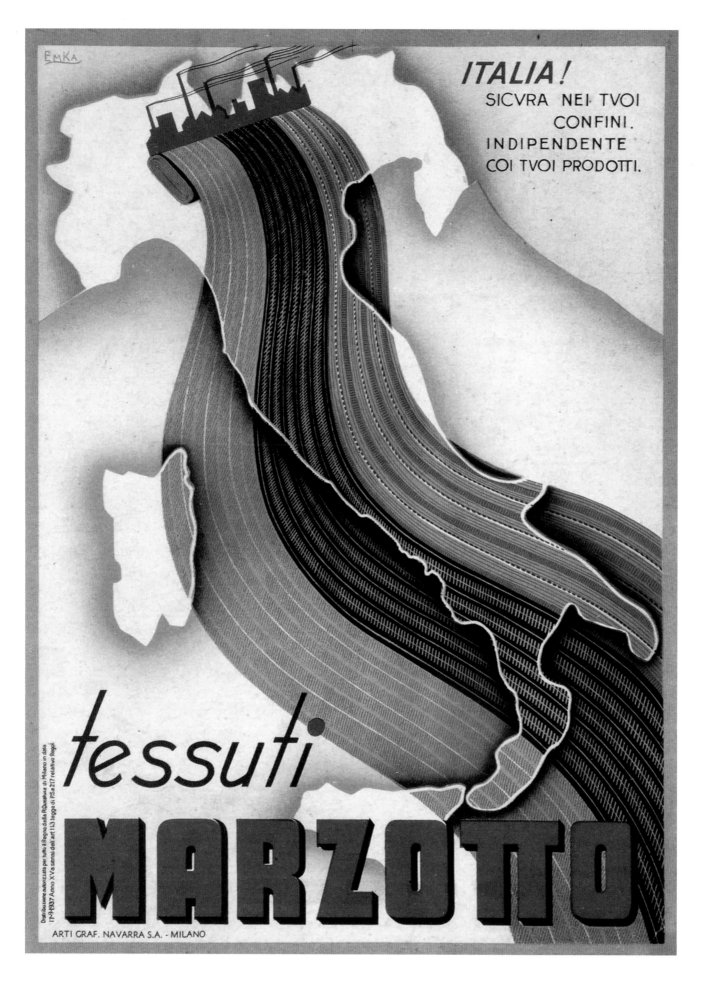

←   Emka, *Tessuti
Marzotto*, 1937

↑   Anonimo /
Anonymous,
*Marzotto Tessuti
fantasia per uomo*,
1937

Anonimo /
Anonymous,
Snia Viscosa, 1941

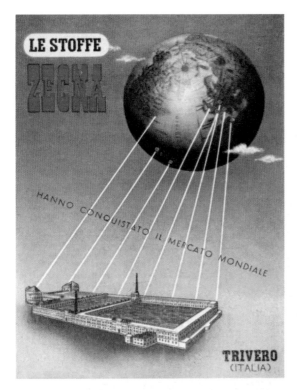

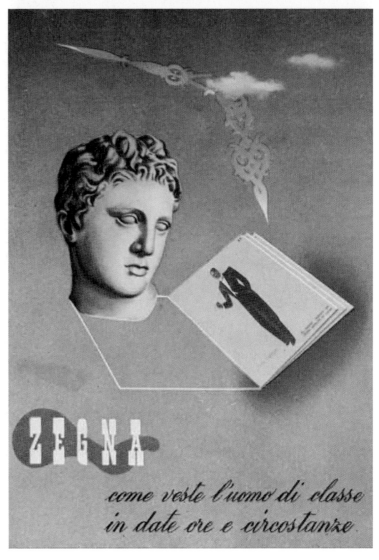

↑   Anonimo /
     Anonymous,
     *Le stoffe Zegna
     Trivero*, 1939

↑   Studio Acta,
     Marzotto Valdagno,
     1939

↑   Anonimo /
     Anonymous,
     *De Angeli-Frua
     Milano*, 1941

↑   Studio Acta,
     Zegna, 1939

↑ Anonimo /
Anonymous,
*Mostra Nazionale
della Moda Torino*,
1935

↑ Michelangelo
Cignetti, *Casa di
mode Rossetto,
Padova*, 1935

↑ Anonimo /
Anonymous, *Mostra
dell'abbigliamento
autarchico*, 1935

↑   Marcello Nizzoli,
Bernocchi, 1930

↑   Antonio Menegazzo
(Amen), *3ª fiera di
Treviso Mostra Naz.
Della Seta*, 1948

↑   Marcello Nizzoli,
La Moda, 1930

← Anonimo / Anonymous,
Zegna, 1941

← Anonimo / Anonymous,
Tessuti Marzotto, 1941

← Anonimo / Anonymous,
Bemberg, 1941

← Anonimo / Anonymous,
*Lanifici Marzotto
Valdagno*, 1941

← Anonimo / Anonymous,
Bemberg Gozzano, 1941

← Anonimo / Anonymous,
*Autarchia Tessile
La Snia Viscosa*, 1941

← Anonimo / Anonymous,
*Autarchia Tessile Sodolin
Cotonificio Valle di Susa*,
1941

← Anonimo / Anonymous,
*I Tessili dell'Autarchia
Italviscosa*, 1941

In Nino G. Caimi, *La pubblicità
collettiva al servizio dell'autarchia*,
"Guida Ricciardi", 1914

Marcello Dudovich,
*Rassegna del tessile
e dell'abbigliamento
autarchico*, 1941

←   Luciano Bonacini,
Maglierie Rayon,
1934

↑   Marcello Dudovich,
*La Rinascente Lunesil
Selenal*,
circa 1937

↑   Marcello Dudovich,
Ital Rayon,
circa 1937-1938

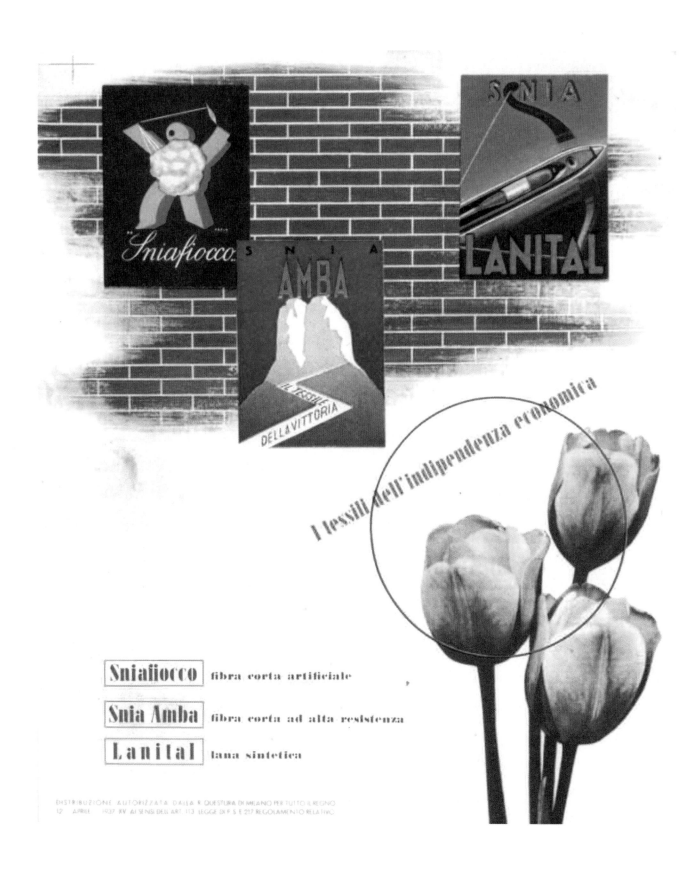

Silvana Editoriale

Progetto e realizzazione / Produced by
Arti Grafiche Amilcare Pizzi Spa

Direzione editoriale / Direction
Dario Cimorelli

Art Director
Giacomo Merli

Redazione lingua italiana e inglese /
Italian and English Copy Editor
Paola Rossi

Impaginazione / Layout
Michele Bazzoni

Traduzioni / Translations
Lauren Sunstein for Scriptum, Rome

Coordinamento organizzativo / Production Coordinator
Michela Bramati

Segreteria di redazione / Editorial Assistant
Emma Altomare

Ufficio iconografico / Iconographic office
Alessandra Olivari, Michela Pittaluga

Ufficio stampa / Press office
Lidia Masolini, press@silvanaeditoriale.it

Silvana Editoriale Spa

via Margherita De Vizzi, 86
20092 Cinisello Balsamo, Milano
tel. 02 61 83 63 37
fax 02 61 72 464
www.silvanaeditoriale.it

Le riproduzioni, la stampa e la rilegatura
sono state eseguite presso lo stabilimento
Arti Grafiche Amilcare Pizzi Spa
Cinisello Balsamo, Milano
Reproductions, printing and binding by
Arti Grafiche Amilcare Pizzi Spa
Cinisello Balsamo, Milan

Finito di stampare
nel mese di dicembre 2012
Printed
December 2012